U0803041

"养老之路"系列丛书／第一辑 共建家园

回归社区

——世界养老项目建设解析

周博 王维 郑文霞 编著

江苏凤凰科学技术出版社

图书在版编目（CIP）数据

回归社区 ：世界养老项目建设解析 / 周博，王维，郑文霞编著. -- 南京 ：江苏凤凰科学技术出版社，2016.10

（“养老之路”系列丛书. 第一辑，共建家园）

ISBN 978-7-5537-7300-1

Ⅰ. ①回… Ⅱ. ①周… ②王… ③郑… Ⅲ. ①养老－对比研究－世界 Ⅳ. ①C913.7

中国版本图书馆CIP数据核字（2016）第244227号

“养老之路”系列丛书 / 第一辑 共建家园

回归社区——世界养老项目建设解析

编　　著	周　博　王　维　郑文霞
项目策划	凤凰空间/郑亚男　于洋洋
责任编辑	刘屹立
特约编辑	于洋洋　张　群

出版发行	江苏凤凰科学技术出版社
出版社地址	南京市湖南路1号A楼　邮编：210009
出版社网址	http://www.pspress.cn
总 经 销	天津凤凰空间文化传媒有限公司
总经销网址	http://www.ifengspace.cn
印　　刷	天津市豪迈印务有限公司

开　　本	710 mm×1000 mm　1/16
印　　张	21
字　　数	168 000
版　　次	2016年10月第1版
印　　次	2018年2月第2次印刷

标准书号	ISBN 978-7-5537-7300-1
定　　价	158.00元

图书如有印装质量问题，可随时向销售部调换（电话：022-87893668）。

出版说明

凤凰出版传媒股份有限公司 / 凤凰空间计划出版“养老之路”系列丛书。

“养老之路”系列丛书计划推出四辑，分别为“共建家园”“空间关怀”“服务配套”“寻找经验”。第一辑“共建家园”包含 3 册：《回归社区——世界养老项目建设解析》《特色养老——世界养老项目建设解析》《乡村养老——世界养老项目建设解析》。

其中，《回归社区——世界养老项目建设解析》集合了以居家养老为中心的适老化住宅养老项目，《特色养老——世界养老项目建设解析》集合了医养结合、注重身心提升各具特色的新型养老项目，《乡村养老 ——世界养老项目建设解析》集合了国外先进乡村田园主题养老项目。

此 3 册书将国内外 50 余个先进养老项目进行翻译整理、分类梳理、模式分析、图文解析，为养老项目建设提供翔实、丰富、前沿的参考。

目录

KOTI

1
新常态下的世界养老现状

21 世纪是人口老龄化的时代。依据 2000 年第五次全国人口普查数据，60 岁以上人口达 1.3 亿人，占总人口的 10.2 %，这一比例按老龄化国际标准衡量，中国已进入老龄化社会。最近 10 余年，中国的老年人口不断增加，老龄化进程不断加速。截至 2014 年年底，中国 60 岁及以上老年人口数量达到 2.12 亿，占总人口的 15.5 %（图 1-1、表 1-1）。据预测，2050 年，老年人口数量约 4.34 亿，约为少儿人口数量的 2 倍，老年人比重将占总人口的 33.6 %，这意味着每三个人中就有一位老人。

中国作为世界上老年人口最多、增速较快的国家，随着老龄化进程加速，高龄老人和失能老人大幅增加，养老事业面对的压力和挑战与日俱增，传统的养老模式愈来愈难以适应经济发展的需要。

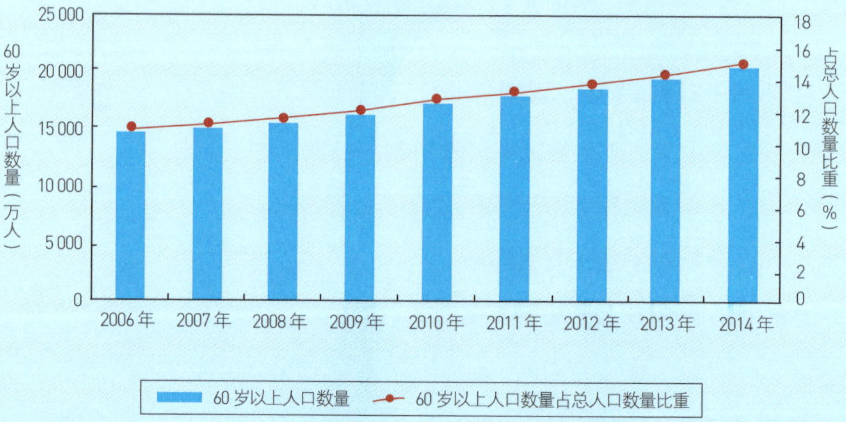

图 1-1　中国 60 岁以上老年人口数量及比重

表 1-1　中国 60 岁以上老年人口数量及比重

年份	2007 年	2008 年	2009 年	2010 年	2011 年	2012 年	2013 年	2014 年
数量（万人）	15 340	15 989	16 714	17 765	18 499	19 390	20 243	21 242
占总人口数量比重（%）	11.6	12	12.5	13.26	13.7	14.3	14.9	15.5

注：本表数据来源为中华人民共和国民政部发布的《2014 年社会服务发展统计公报》。

1.1 中国的养老政策和养老建筑类型

随着国家相关法律法规的颁布实施，国家大力推动社会力量兴办养老服务产业，彻底改变了以国营养老院为主的格局。《中华人民共和国老年人权益保障法》第五十一条规定：“国家采取措施，发展老龄产业，将老龄产业列入国家扶持行业目录。扶持和引导企业开发、生产、经营适应老年人需要的用品和提供相关的服务。”从 2000 年至今，国务院、民政部、建设部等也都相继推出有关支持社会力量发展养老事业的相关政策，明确指出加快推进以改善民生为重点的社会建设，让老年人“老有所养”。

根据“未富先老”、快速老龄化的基本国情，以及中国传统居住文化的特点，中国现行的养老居住政策确立了以家庭养老为基础，以社区养老为依托，以机构养老为补充的基本养老方针，即“9073”，意为 90％的老年人在社会化服务协助下通过家庭照顾养老，7％的老年人通过购买社区照顾服务养老，3％的老年人入住养老服务机构集中养老。

由此可知，中国的养老模式尚处于探索起步阶段，养老体系仍在不断完善中。“未富先老”的基本国情、传统居住文化的特点，以及养老相关方针政策法规等各项因素导致目前的养老建筑功能类型单一，不能很好地满足各个层次的老年人的需求。综合分析，养老建筑整体可分为以下 3 种类型：居家养老、社区养老、机构养老（图 1-2）。

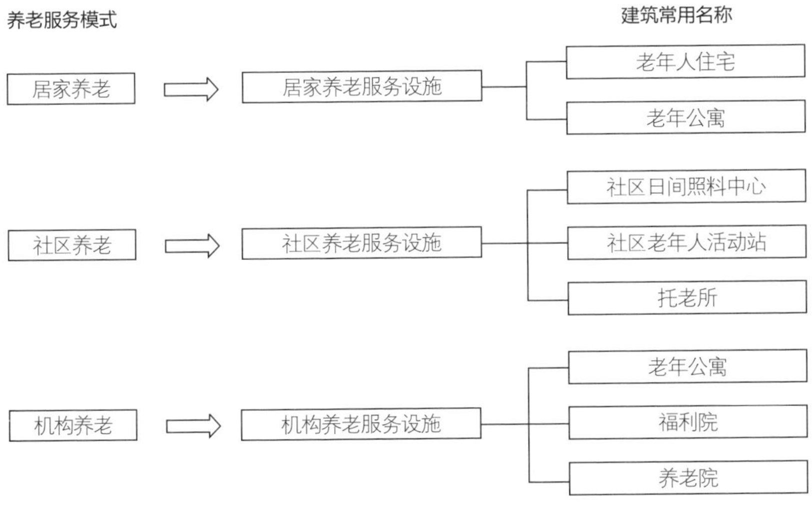

图 1-2　中国养老建筑主要类型

1.1.1 居家养老服务模式

居家养老是指以老年人自己的住宅为生活中心，有时候也会以“老年公寓”命名。对身体较好、生活能自理的老年人，依据需求随时提供生活照料、家政服务、护理保健、谈话陪伴等上门服务；对生活不能自理的老年人在提供上门服务的同时，注重提高老人的生活自理能力和质量。

1.1.2 社区养老服务模式

社区养老服务是居家养老服务的重要支撑，主要的建筑类型有社区日间照料中心、社区老年人服务站和托老所。主要为居家老人提供适合老年人活动的社区活动空间，满足居家养老所不能满足的区域服务功能。

1.1.3 机构养老服务模式

机构养老服务以设施建设为重点（图 1-3），主要类型有养老院、福利院、老年公寓等建筑，实现生活照料、康复护理、紧急救援等服务功能。

图 1-3　河北香河大爱书院养老中心

1.2 中国养老产业的主要运营模式

国内各部门以及民间的社会力量都在积极探索多层次、多成分的养老服务体系，构建顺应时代发展的养老敬老新模式。目前，按照出资主体和承办主体性质分，中国养老机构主要有“公办公有”、“公办民有”、“民办公有”和“民办民有”这 4 种形式，积极推进与大力构建以“民办公有”和“民办公助”为主体，以市场化养老为补充的多元化机构养老体系的理论。

由于国家政策扶持与市场的需求，社会力量介入养老事业的情况不断出现，社会化养老的各种崭新模式也应运而生。从本质而言，养老机构社会化不仅是一种模式，更多的是一种公共管理方式，是政府的战略变革。

在国家提出养老社会化的基本思路基础上，各地方政府都积极行动，大力推动和积极发展各种社会化养老模式。根据养老方式和盈利方式两个维度，国内的养老项目运营模式可归纳为床位出租型、房产出售型、租售组合型和金融保险组合型等多种类型（图 1-4）。

其中床位出租型是最常见的类型，房产出售型和租售组合型是近年来养老地产中常见的类型，比较早期的有北京太阳城、北京东方太阳城（图 1-5）等；金融、保险组合型的代表企业是泰康之家养老社区，会员制形式做的较大的企业是上海亲和源老年公寓等。

从目前国内的养老项目来看，定位高收入客群的项目、主要服务于高龄和生活不能自理者的康复医疗项目，盈利相对较好。周边交通便利、人气旺盛、公用设施完善、环境优美、床位较多、投资较多、配套完善的项目，盈利也相对较好。同时，上述几类养老项目能提供完善、持续的养老服务。但整体而言，因养老机构具有一定的公益性质，能够盈利的较少。

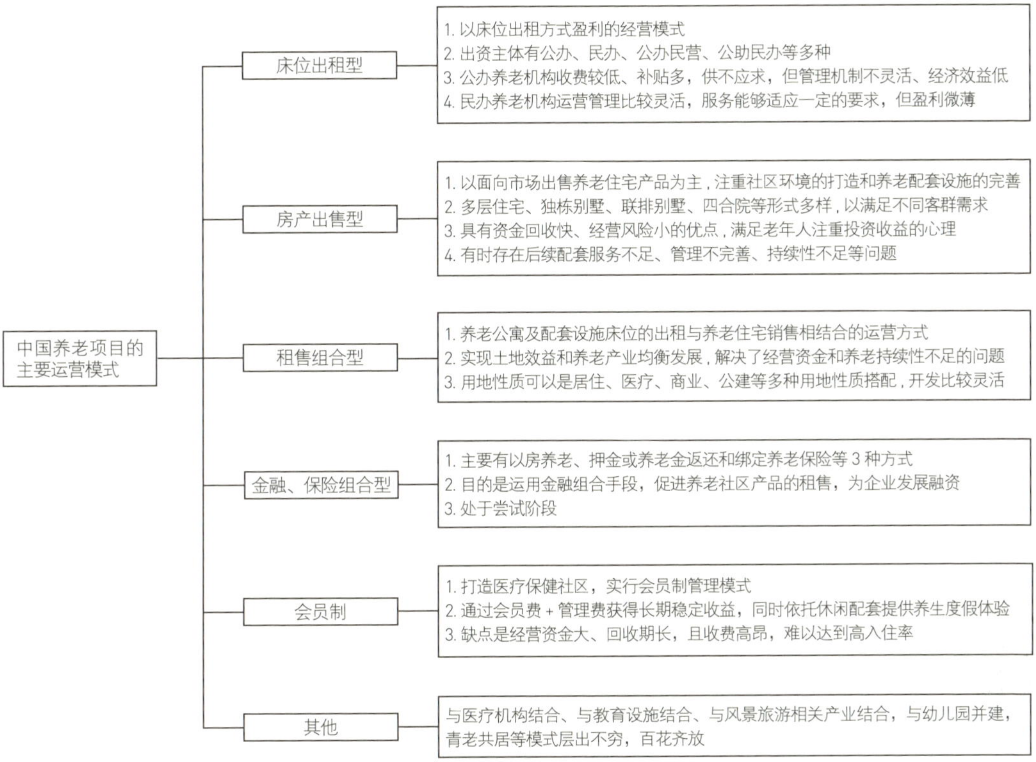

图 1-4　中国养老项目的主要运营模式

图 1-5　北京东方太阳城

1.3 国外的养老项目建设及运营模式

与中国基本国情相比较，发达国家发展养老产业是建立在“先富后老”的基础之上的(图1-6)。其中法国是发达国家中最早进入老龄化社会的国家，瑞典等欧美发达国家也相继成为老龄化国家 。这些国家因为发达的生产力，在养老保障方面都非常注重社会的养老功能，同时，在良好的政策支持下和健全完善的社会保障体系中，老年人有足够的经济实力做到独立生活，而不依赖其家庭成员的帮助。在老年人居住环境、配套设施以及服务体系等方面，依据老年人的生理特征，采用了不同层次和不同类别的设计，并且特别注重老年人的心理感受。

亚洲国家中，日本和新加坡是较早经历人口老龄化的国家。它们一方面汲取了西方国家养老项目建设的特点；另一方面，受到传统东方家庭观念的影响，同时致力于开发家庭养老的功能，如鼓励“多代同居”和适老化住宅的改造（图 1-7）。

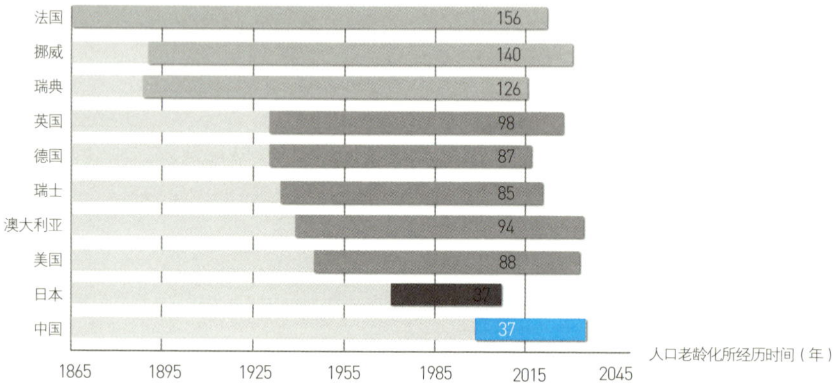

图 1-6　部分国家人口老龄化进程比较

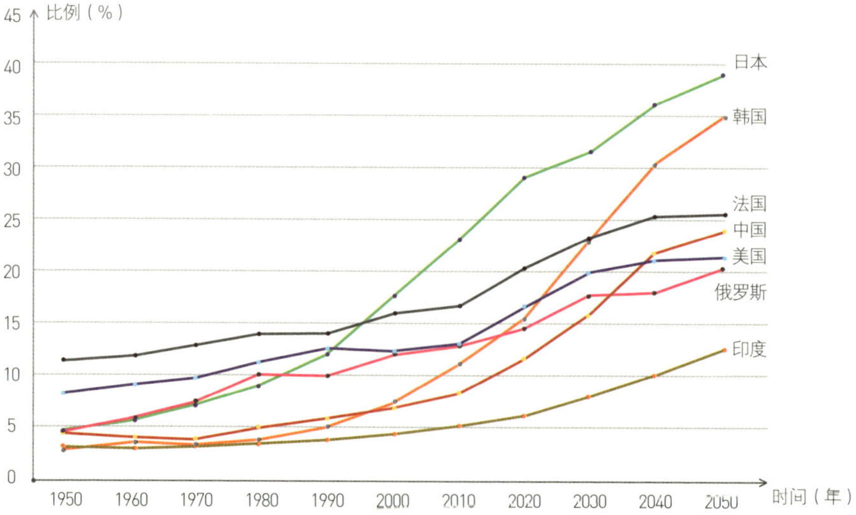

图 1-7　世界各国 65 岁以上人口比例的推移

注：本图依据 2010 年联合国人口统计数据制成。

1.3.1 美国

美国于 20 世纪 60 年代初期进入老龄化社会。1970 年，美国 60 岁以上的老龄人口已经超过全国总人口的 14 %。美国老年人喜欢独自居住，因此老年住宅的需求逐渐产生。70 年代，美国的养老建筑市场处于快速发展阶段；80 年代，整体市场模式开始进入成熟期。

目前，美国具有设施完善的老年住宅体系。从建筑类型的角度分为两大类：养老村和养老院。养老村和养老院这两种不同类型的养老产品在美国发展都很成熟，许多专做养老产业的大集团公司两者兼而有之：一方面在全国各地开发租售型的养老村，另一方面也经营着多家甚至几十家的连锁型养老院。

老年住宅从功能上可以分为以下 6 种类型：独立式老年住宅 (Independent Living，也可称之为活力成人社区)(图 1-8) 、老年公寓 (Senior Living Community)、持续照料型退休社区 (CCRC，也可直接称之为老年社区)、介护型老年设施 (Assisted Living)、老年痴呆特殊照料社区 (Alzheimer's Care)、医疗护理型老年设施 (Health Center)。大体上可以认为，前 3 种类型中有一部分属于养老村的范畴，后 3 种则都属于养老院的范畴。

以第一种独立式老年住宅功能类型为例，这种类型为有自理能力的老年人提供，一般有普通型和专用型两种。普通型只提供基本的住宅需求，因此收费相对较低。专用型则不仅提供基本住宿需求，还安排有专业服务人员为老年人提供除医疗及护理以外的生活服务，并且还配置有便捷的社交娱乐场所、食堂等公共设施，相应的安保设施也设置到位。

1.3.2 日本

日本是世界上人均寿命最长、老龄化速度最快的国家，养老设施的建设与研究已经积累了很多经验，且日本在传统家庭观念方面和中国有很多相似之处，所以其养老项目的经验对我们有很高的借鉴价值。

日本政府在 1961 年建立了国民年金制度，同时《老人福祉法》《介护保险法》也相继颁布并不断完善，使得日本的老年人在养老方面再没有经济负担。日本政府利用完善的养老机构体系提供的服

图 1-8　独立式老年住宅美国 Air Force Villages 养老社区

务，分别针对健康程度不同、经济条件不同、养老观念不同的人群提供相对应的特别养护养老院、普通养护养老院、经济型养老院、付费养老院、护理住宅、日间照料中心、小规模老人之家（图 1-9）、老年痴呆症老人之家等多种形式。另外，日本老年人还可以依靠介护保险的支援进行适老化住宅的改建，满足居家养老的那部分老年人的需求。

1.3.3 北欧

芬兰是在欧盟范围内人口老龄化速度最快的国家。2011 年，芬兰 65 岁以上人口占总人口的比例已增至 18.14%。芬兰有着完善的社会福利保障制度，根据 90% 以上的老人喜欢在自己家中安度晚年的特点，芬兰政府探索并逐渐确立了一种适合老人居家养老的模式，将重点放在为老人提供形式多样的家政服务和保健服务上。为了保障老人在家中居住和生活的安全，实行按区划分福利服务区域制度，每个区设置一个社区福利中心（图 1-10），每个社区内设置社会服务部为老人提供家庭服务，费用由养老保障制度来负担。

丹麦的养老金保障体系有着悠久的历史，发展完善，维护了高社会福利保障体系的稳定。丹麦政府也注重居家养老，《老年人及丧失劳动能力者住房法案》规定了老年人住宅的建设配置标准，保障老年人良好的生活条件。同样，完善的社区养老服务进一步全方位保障了老年人生活的连续性、便捷性和安全性。

瑞典也是福利国家型社会保障制度的代表，社会保障制度的核心内容是社会保险制度，其养老保险制度又是社会保险制度的重要组成部分。瑞典目前主要实行 3 种养老形式：居家养老、老年公寓养老和养老院养老。养老院的服务对象主要是基本失去生活自理能力的孤寡老人和患有痴呆等严重疾病的老年人；由政府建造的老年公寓是按老年人的特点设计的，并有专人提供 24 小时的服务；同时也大力推行居家养老的形式，争取让老年人在退休后尽可能长时间地在自己家里安度晚年，这主要是因为居家养老比较人性化、个性化，更能给人以安全感。据 Natixis 全球资产管理集团发布的全球养老指数数据，挪威、瑞典、丹麦 3 个北欧国家适老化指数位列前茅，北欧地区成为最适合养老的地方。

图 1-9　小规模老人之家日本 Urara 江南养老院

图 1-10　芬兰普其拉奥尼福利中心

1.4 小结

面对全世界老龄化进程的飞速发展，世界各国都在持续关注养老产业的发展，不同国家针对自己的国情和文化习惯采取着不同的应对策略。中国作为一个人口大国，在养老事业发展的初级阶段也正在不断地摸索。经历了郊区大规模新建养老社区的开发模式之后，养老项目的发展正在渐渐回归到老年人原有的生活场所：适老化住宅、老年公寓、社区老年人活动站的兴建，促进了以居家养老为中心的发展；同时，随着市场和政策的开放，医养结合文化养老、异地养老等各种各样的养老项目也百花齐放。此外，生活在乡村的老年人的生活环境也在不断完善，乡村养老住宅和公共养老设施的环境正在不断改善。本书不仅收集了国内外优秀的案例，针对项目建设特点进行点评，同时还从投资者、经营者的角度介绍了他们各自的运营和管理特点。所以，本书不仅可以成为参与养老项目的设计人员的参考书，也为各类养老机构的投资者、经营者以及养老服务体系中的服务人员等相关人士在管理和运营方面提供有价值的依据。

中国的养老产业刚刚起步，还有很长的路要走。我们在本书的编写过程中体会到，一个好的设计理念和好的养老运营管理模式互相结合，才是养老项目能够持久发展的关键。

2

居家社区养老模式概述

家庭对于老年人来说有着特殊而且重要的意义，是老年人生命中不可或缺的一部分。在经历了将远离城市的郊外地区作为大型集中养老机构所在地后，人们逐渐意识到这些地方在交通、医疗、配套服务设施方面无法满足部分护理型老人的需要；同时，随着现阶段养老需求的急剧上升和社会对养老认识的逐步提高，人们选择的养老地点逐渐回归到老年人原有的居住区附近（图2-1）。养老方式以缩短老年人的养老生活与原有生活之间的差距为首选。

2.1 居家养老模式

居家养老模式始终与家庭联系在一起，老年人的养老居住场所仍然是他们自己的家，其服务涵盖生活照料、家政服务、康复护理、医疗保健、精神慰藉等，以上门服务为主要形式。但是目前由于老年人居住的旧住宅区开发时间比较早，导致小区规划缺乏整体设计，建筑细部设计不符合老年人的居住需求，这些都成为亟待解决的问题。

2.1.1 既有住宅适老化改造

针对这种现状，目前我国主要针对城市旧住宅进行改造。按改造对象大致可以分为社会改造和家庭式改造两种改造方式。社会改造一般是由政府相关部门，通过对公共设施的改造，比如增加升降梯、安装无障碍设施等，有规模地进行改造。同时，改善小区的居住环境来增加老年人的生活乐趣也是社会改造的一部分。家庭式改造是通过对户型进行改建或者自主安装一些无障碍设施来降低安全隐患，从而方便居住其中的老年人。

2.1.2 新建养老住宅

随着我国人口老龄化不断加剧，既有住宅已经不能满足老年人的居住需求。一些房地产开发商建设了一批新型养老住宅，这种新型居家养老模式既考虑到子女能就近照顾老人，又为老年人保留了相对的私密性。它的居住形式具有多样性，按照与子女的分离程度不同，可分为两代居与网络式共居两种空间组合形式，通过对普通住宅楼中的一部分套型进行适老化设计，来满足当下老

图 2-1　上海浦兴社区福苑长者照护之家

年人的需求。例如增加扶手、满足轮椅通行需求、考虑护理人员陪住等。

2.2 社区养老模式

社区养老服务是居家养老服务的重要支撑，我国社区养老的主要运营模式包括社区老年人日间照料中心、社区老年人活动站、托老所等形式（表 2–1）。

2.3 适老社区

适老社区是指为老年人提供的，包含养老住宅、养老公寓、养老设施等多种居住类型的居住社区。社区中除了有为老年人提供的居住建筑之外，还会有老年活动中心、康体中心、医疗服务中心、老年大学等各类配套设施。其开发主体可以是多种多样的，既可以是民营企业，也可以是政府。

以老年住户为主的社区在进行规划时，相对于城市的一般住宅，用地规模应整体缩小，而且开发强度不宜过高。其中公共设施应分布于社区内老年人出行范围的核心位置，形成老年人便利的生活圈。同时考虑社区的可持续发展（未来 20 年），在社区中应该预留一些弹性用地，为未来老龄化社会发展做准备。

表 2-1　我国社区养老的主要运营模式

设施名称	服务对象	服务内容	建筑状况
老年人日间照料中心	半失能老年人	日间膳食供应、生活照顾、保健康复	围绕住宅小区选择交通便利的地点建设，一般以小规模为主
社区老年人活动站	全体老人，但以健康老人为主	学习、文化娱乐、医疗保健	
托老所	以中度衰老老人为主	短期托养、膳食供应、保健康复	

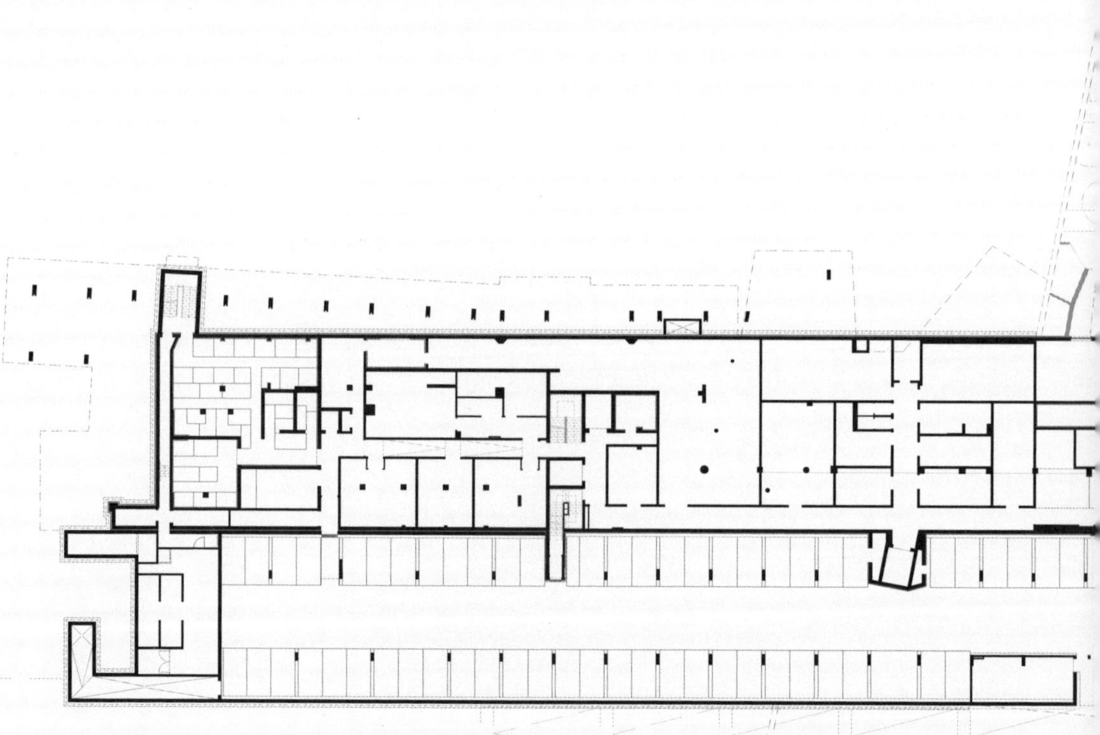

3
住区环境创生型养老项目案例

养老项目选址在成熟的住宅区环境的原因是：能借助这些环境中比较完善的配套设施条件，方便入住的老年人与社会保持紧密的联系；又能因为这些项目的建设和运营，为周边环境创建新的生活秩序。

3.1

维也纳 Simmering 老年公寓

项目名称：GERIATRICS CENTER SIMMERING
项目设计：Josef Weichenberger architects + partner
项目地点：奥地利，维也纳
建筑面积：5 800 m²（混合结构）
层　　数：8 层
竣工时间：2011 年 12 月
摄　　影：Mark Steinmetz, Paul Ott, Armin Plankensteiner

Simmering 老年公寓坐落于 Dittmanngasse，距离维也纳 11 区中心 Enkplatz 很近，步行即可到达。

维也纳 11 区中心，是当地有名的老龄人口聚集区，而且生活单调乏味。Simmering 老年公寓的落成，代表着一个与当地截然不同的新型养老中心的涌现。这也符合本项目的设计初衷：在城市绿洲这一舒适宜人的环境中，为需要独立护理的老年人提供高质量的居住环境，而不是像人们所熟知的普通的、资源贫乏的、医院一样的养老中心。Simmering 老年公寓中每一间独立的房间都像是一个有机的城市中心，风格多变，特点各异。

入口夜景

本项目建筑四周的环境

北面是呈带状排列的住宅楼，东面是风格各异的附属建筑，南面是多功能城市发展区域，西面则是零散分布的周边住宅单元。该地原本的状态像是一个小的城市森林，设计将其改造成公园景观，通过在项目中栽植大量古树，使养老中心四周都被树木环绕，使其掩映在树林中。

建筑平面构成特征

建筑东、西两侧由老年人居住空间围合组团形成两个独立的生活单元，老年人生活单元内设计有服务于本单元内入居住老年人的交往空间、就餐空间和娱乐空间；东、西两侧的生活单元通过建筑南侧的公共空间连接，内嵌垂直交通空间、机能恢复训练空间、医疗护理空间等辅助空间，创造出丰富的复合型多功能空间，南侧公共空间的设计很好地保证了东、西两侧生活单元内入住老年人的私密性，避免人流的交叉干扰，同时满足建筑空间垂直维度上的连贯性。

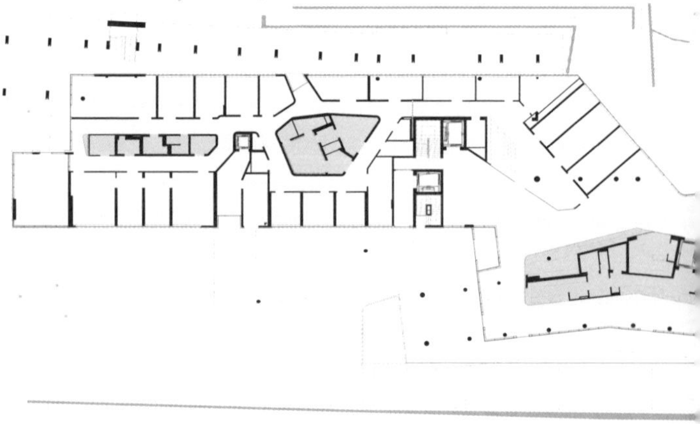

区位图

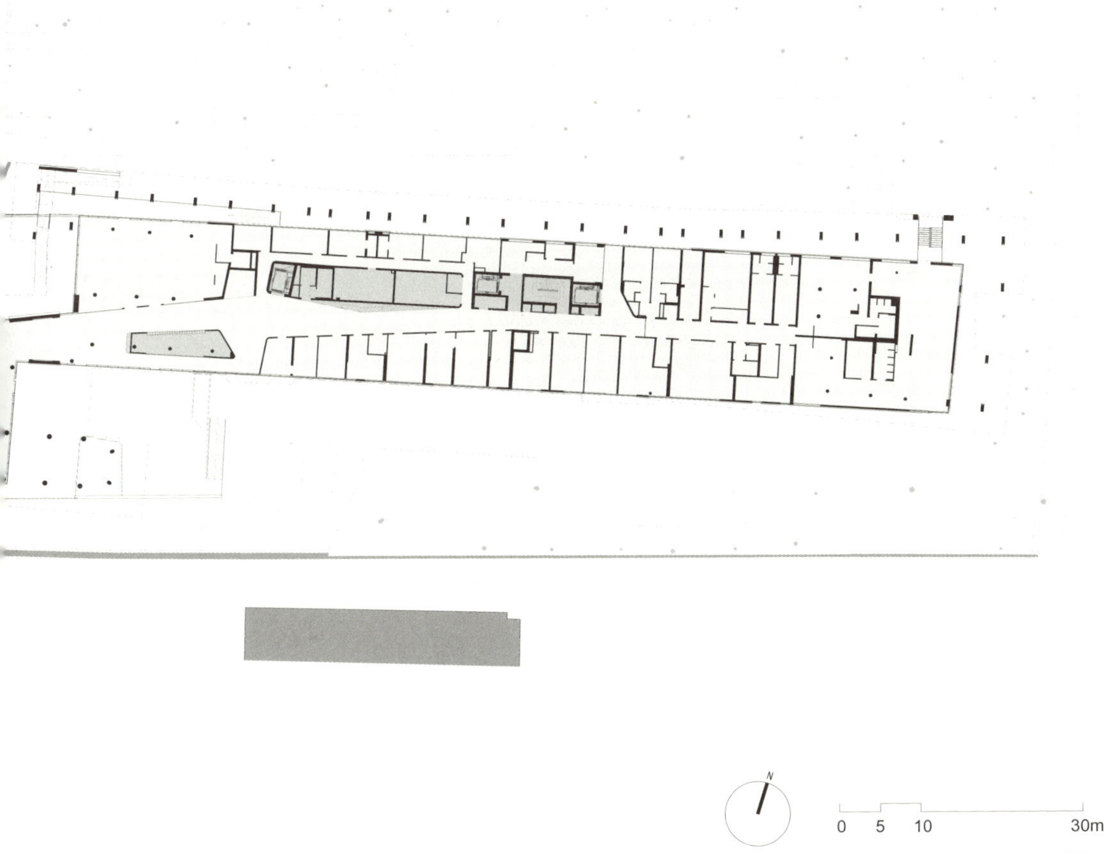

总平面图

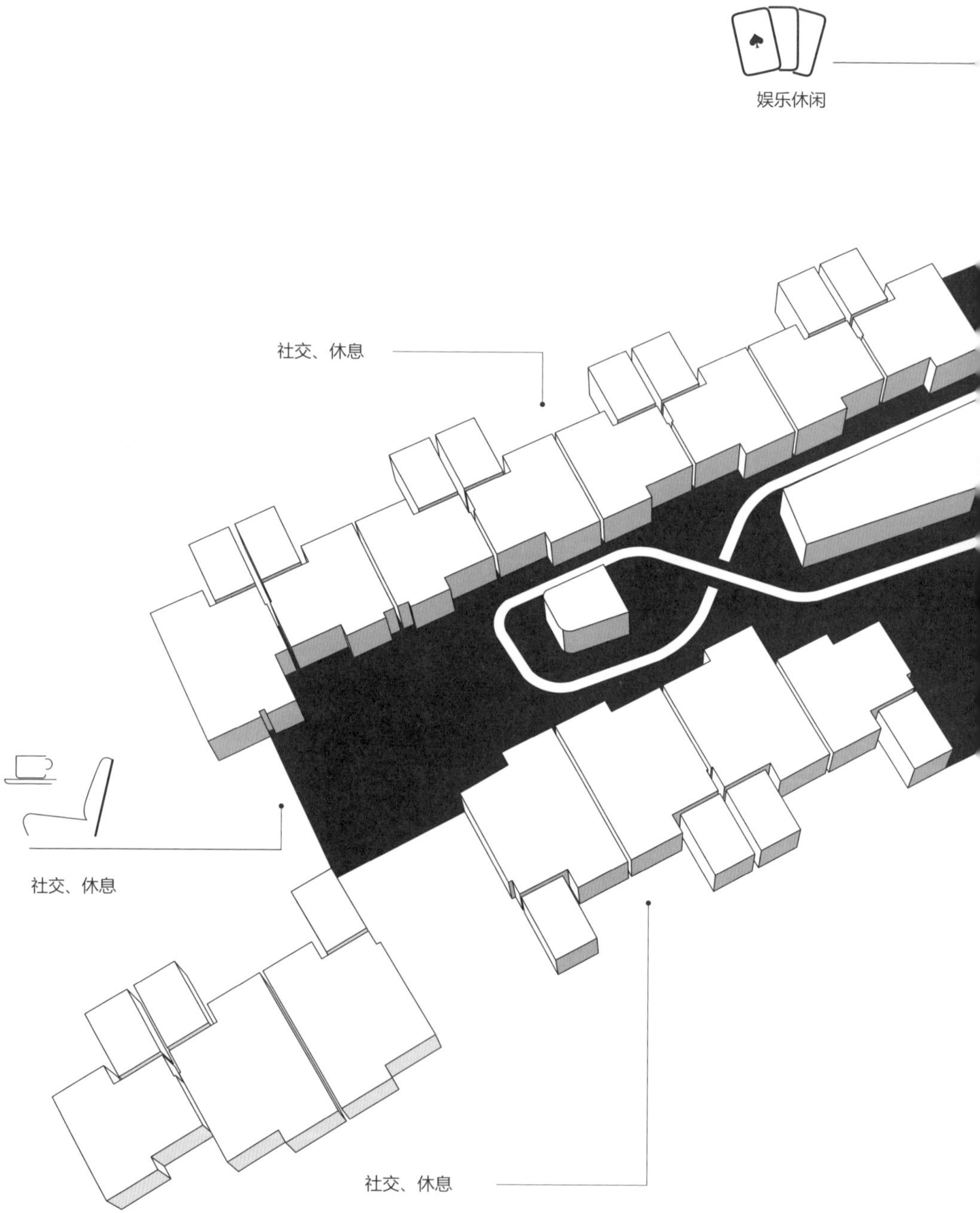

功能分析图

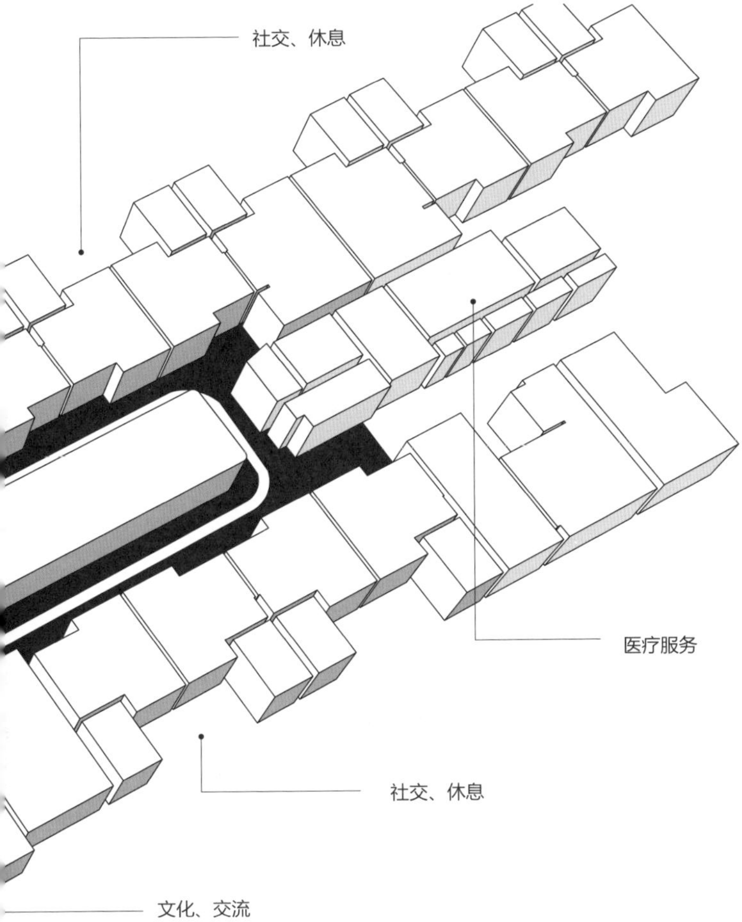

建筑体量

狭长的建筑体被细分为 3 个内退式的翼楼，而每个翼楼又被划分成 3 个细长的部分，与建筑纵轴平行。这些呈扇形分布的细长部分在翼楼两端呈开放式设计，以便自然光更深地照入建筑内部。建筑底层内退，采用玻璃底座，上层建筑呈悬壁式结构。在北面有一个一层高的独立透明玻璃建筑，内设演讲区。

在立面设计上，建筑的外形塑造主要取决于高矮不同的各个翼楼和其空间功能，以一系列白色的带状设计将建筑的不同部分包裹起来，取得视觉上统一的立面造型。这种外立面形成了独特的“记忆编码”，便于建筑内的主要居住者（思维不清楚的老年人）识别和辨认。

建筑立面形态

建筑的立面设计完全脱离了建筑本身的构造形式。应用建筑室内设计准则，将小面积元素融合在一起，形成一个统一的整体外观。隔热的实体墙和陶土瓦也被用作立面材料。

在建筑立面上重复嵌套相同或者相似的图形构成，从而形成多层次图形的嵌套效果；不同层次相似图形的重复嵌套可以增强建筑立面的艺术表现力和空间引导力；嵌套产生的建筑立面构图的多层次性可以丰富老年人对建筑的体验，对老年人产生方向性的引导作用。

立面图

隔热的实体墙和陶土瓦的外立面和入口

维也纳 Simmering 老年公寓外观夜景 1

演讲区室内实景 1

演讲区室内实景 2

多功能演讲区入口

演讲区室内实景 3

演讲区室内实景 4

演讲区室内实景 5

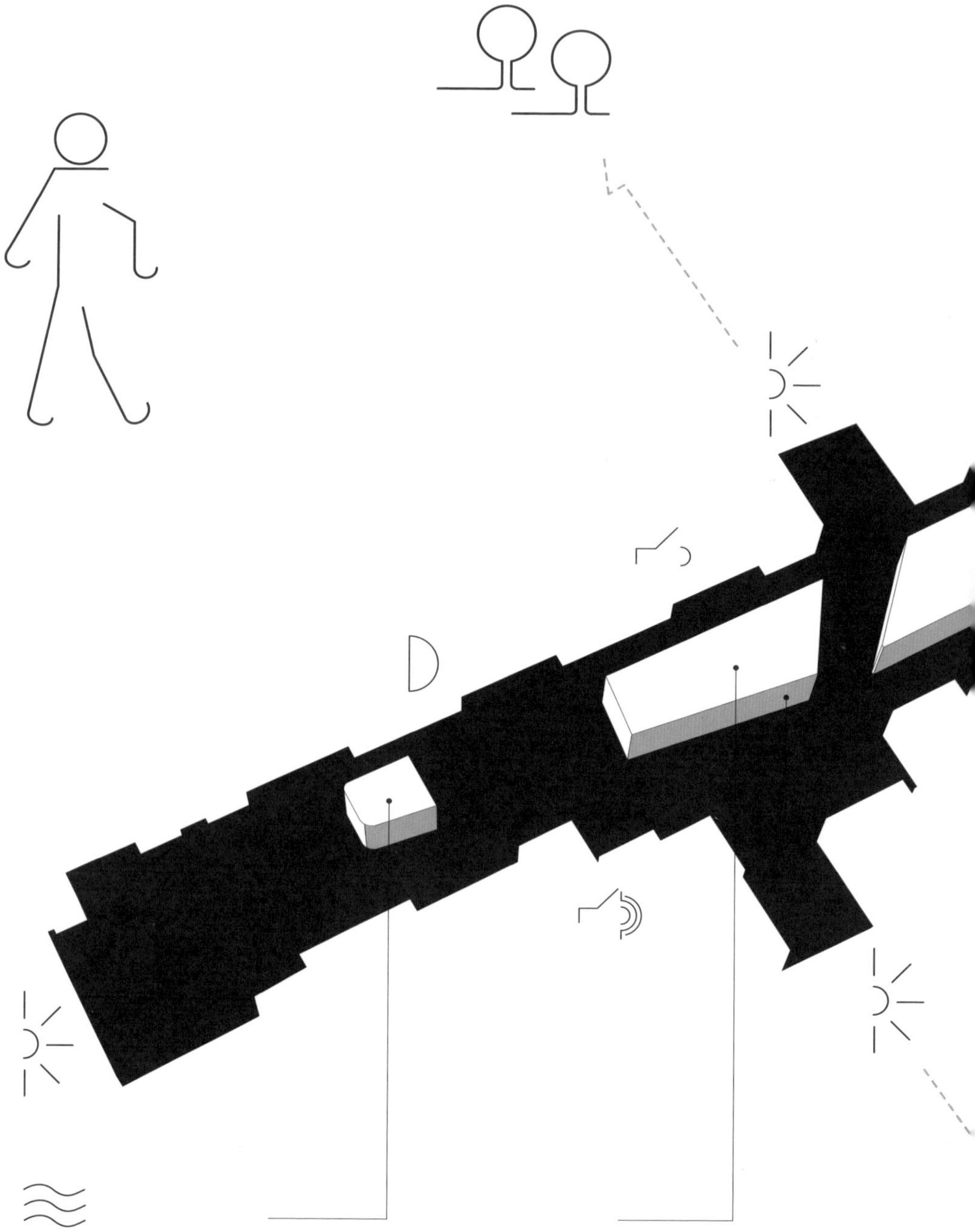

日照分析图

休息庭院中的古树与绿化

一层可以观看到花园一侧的咖啡厅

景观

在入口方向至建筑南面，景观设计以城市绿地的形式呈现，而建筑的北面则是像公园一样的花园景观设计。两边的设计都依托茂盛生长的树木。交通流线的设计也和房间以及建筑一层的设计一样，通过设立出口，以及狭窄的、相互交错的通道营造空间功能区。因此，景观的设计也依赖于多条小路的重叠交会。

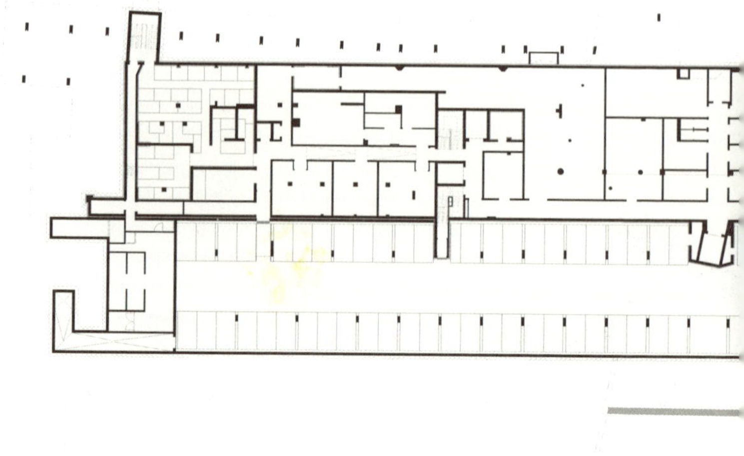

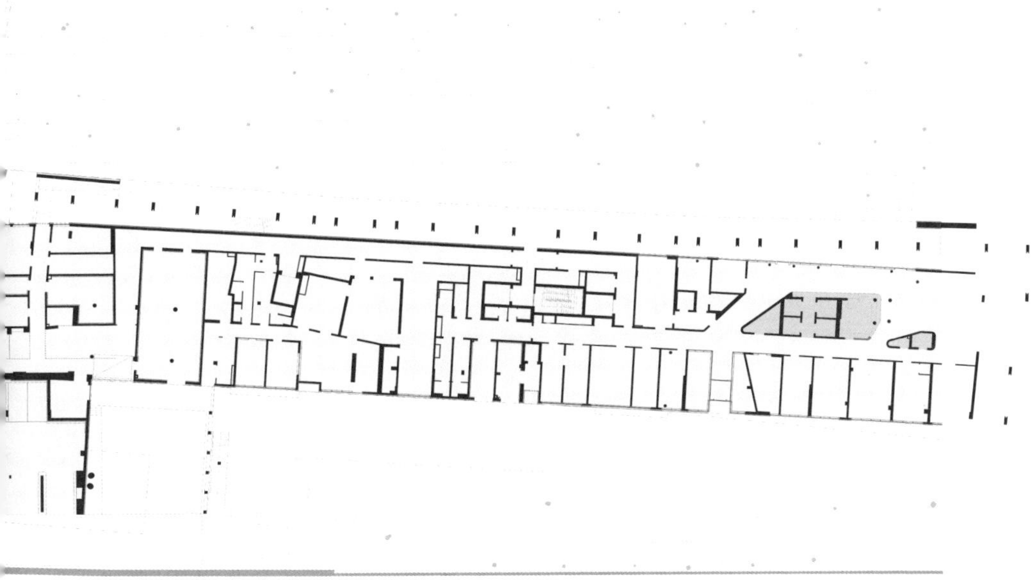

一层平面图

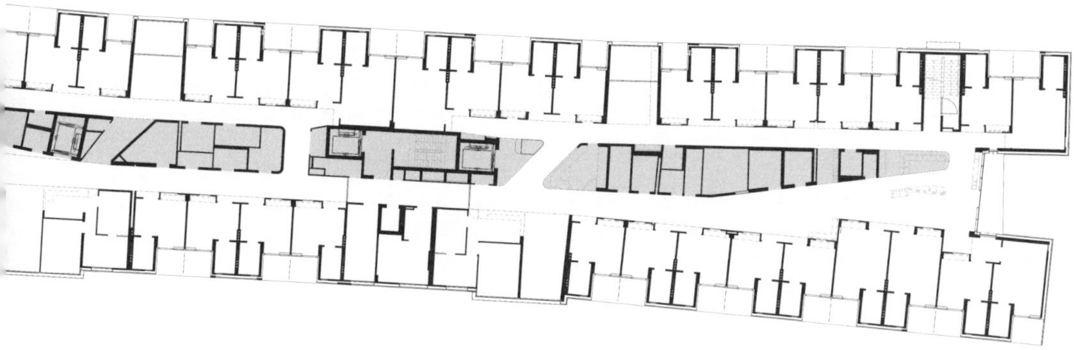

二层平面图

一层 / 公共区域

建筑一层以及养老中心的多个公共空间也遵循城市中心的主题被布局成“群岛”，就像房间的设计一样，只不过规模更大。它包括一个主入口，通往带有接待前台的宽敞的大厅，几家小店，一间咖啡厅，以及带有室外空间的员工餐厅。位于建筑背面、朝向公园的空间是多功能演讲区，刻意采用玻璃和混凝土结构设计，打破惯有的建筑形式。

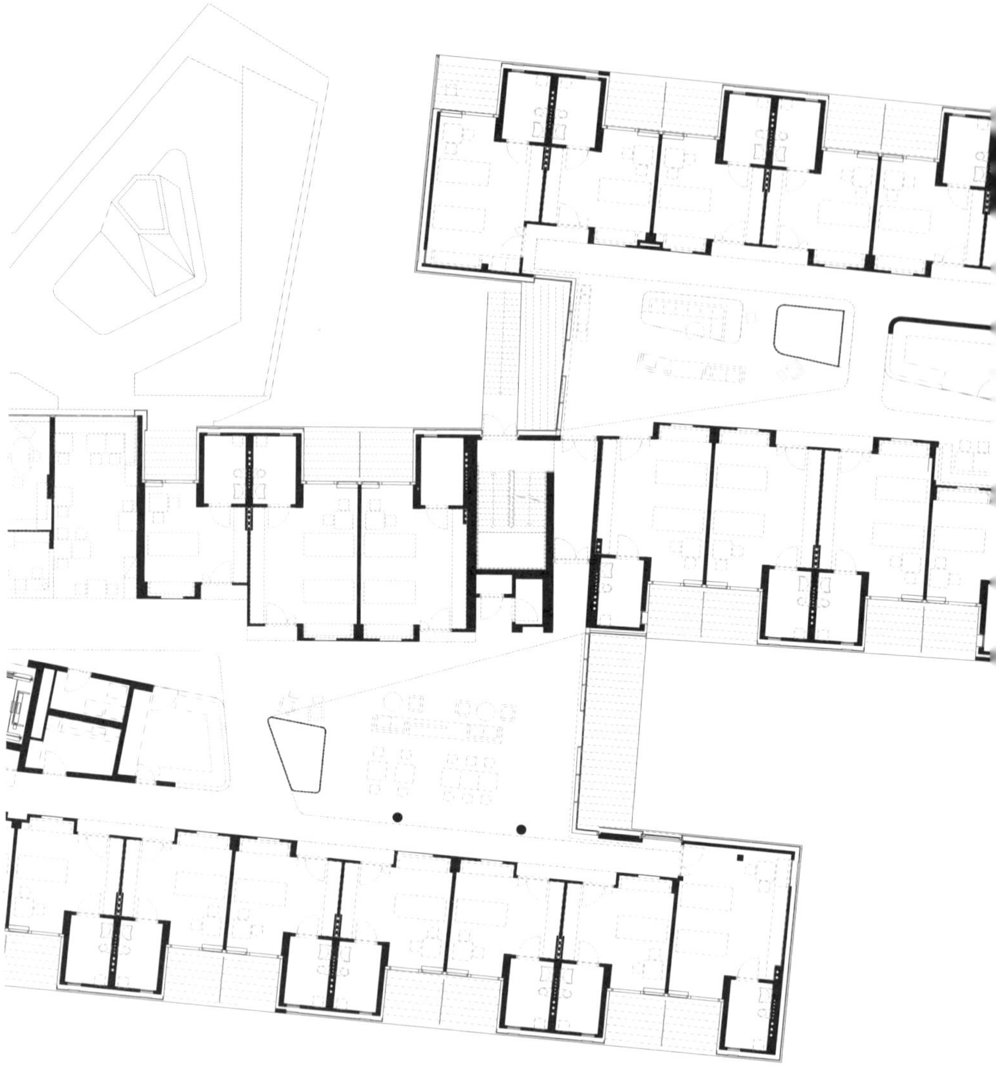

室内构成

项目纵向分为几部分。一楼以上部分，所有的公共空间和门诊服务区占据三到四层空间，两个房间一组，每层都设有四组。

所有的支持和服务区都位于地下，地下空间在东边与地上空间相连，为日托中心区、厨房和社交区引入更多的自然光。停车场和物流区也位于地下，其入口也隐藏在主入口之下。让行动不便的居住者快速融入新的社交环境是本项目设计的关键所在。因此，不论是在平面布局还是在空间氛围营造上，设

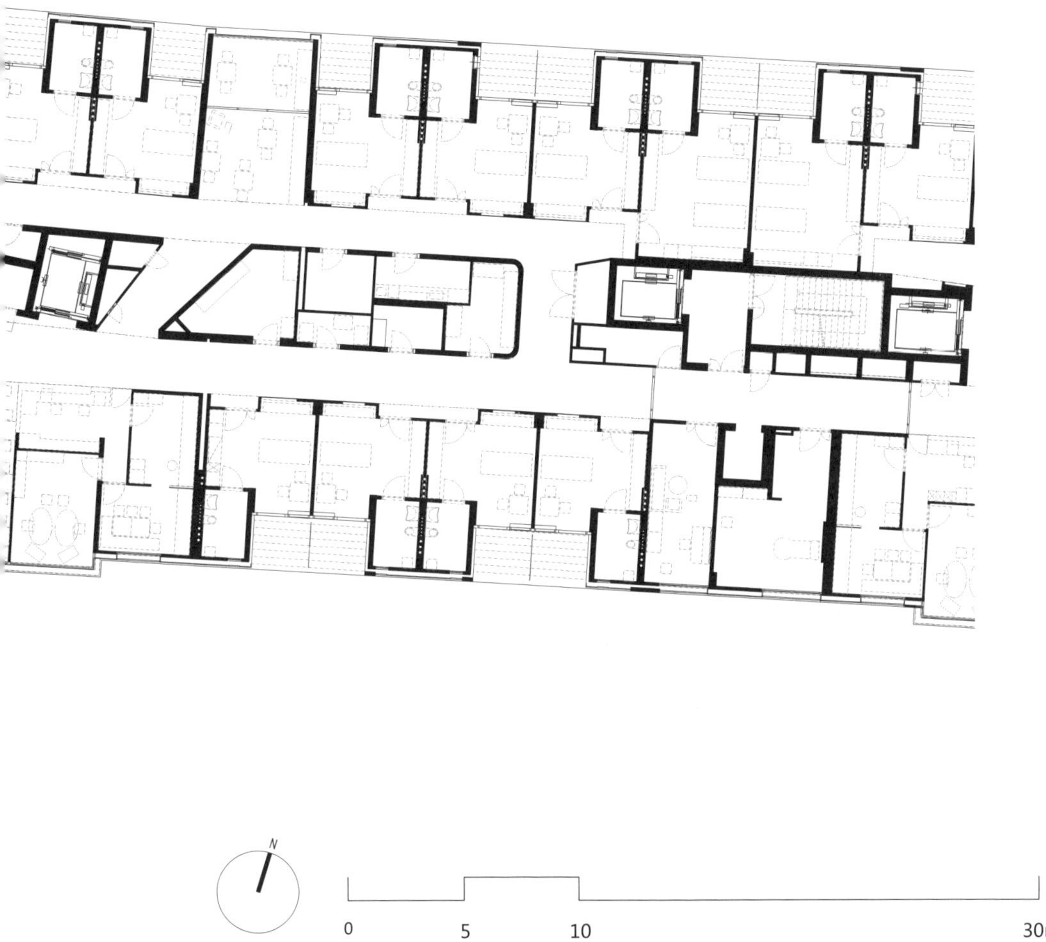

三层平面图

计都注重促进居住者之间的交流和沟通，也为他们提供了大量的机会以便发挥他们的个体能动性，装扮他们自己的新家。很显然，在脱离原有社区之后，人们很难适应新环境，对于老年人来说更是如此。因此，本项目的这一特质在设计阶段就已经格外引人注目。

本项目复杂的结构、多个广场、走廊和角落处的设计是对传统的欧洲城市中心构成的抽象解读，这也是本项目室内空间设计的主题。然而，这并不是对某种审美的模仿，而是对公共、半公共和私人空间，以及它们所带来的动态交流的不同且巧妙的分层组合。

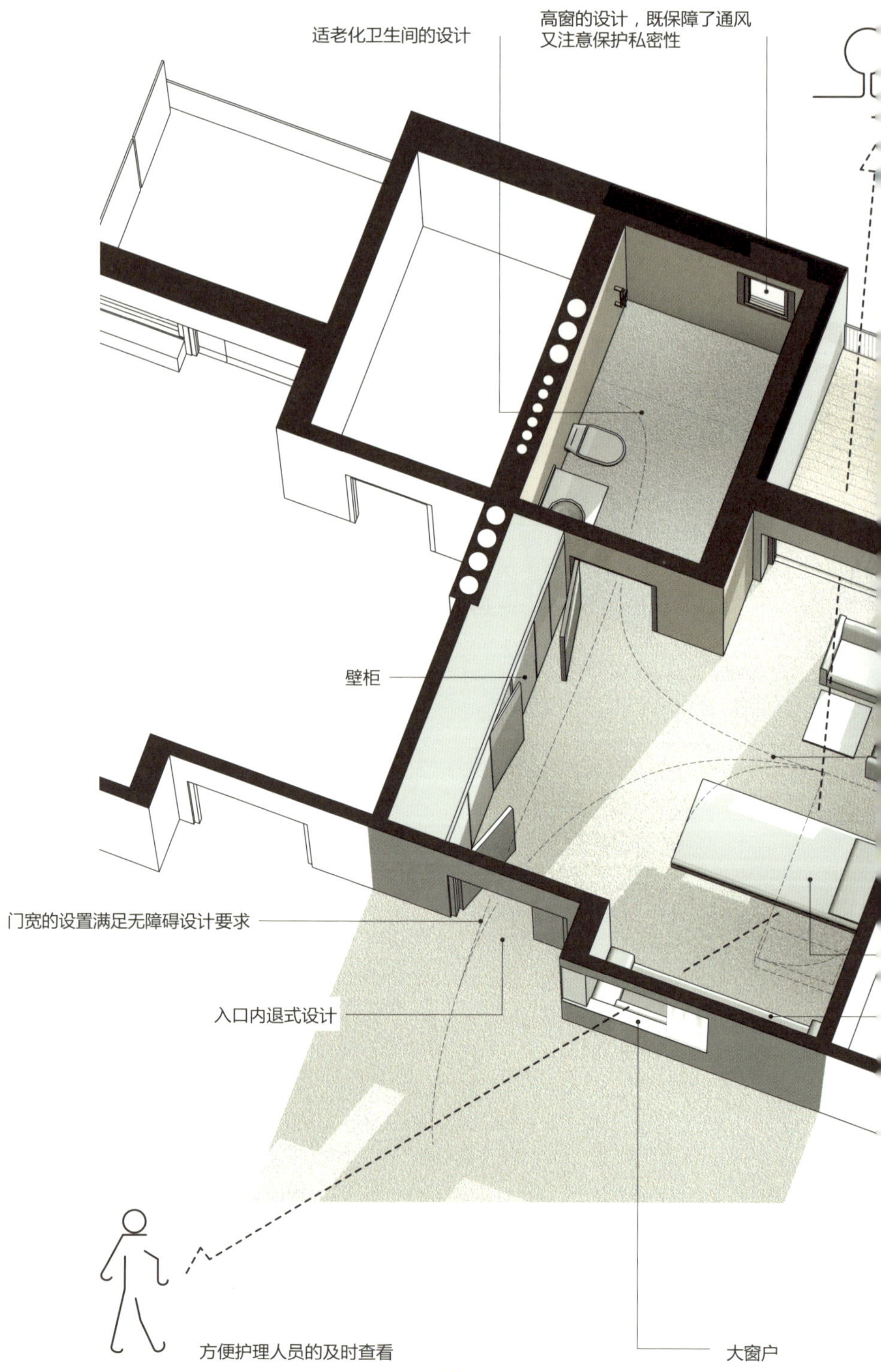
适老化卫生间的设计
高窗的设计，既保障了通风
又注意保护私密性
壁柜
门宽的设置满足无障碍设计要求
入口内退式设计
方便护理人员的及时查看
大窗户

单元轴测分析图

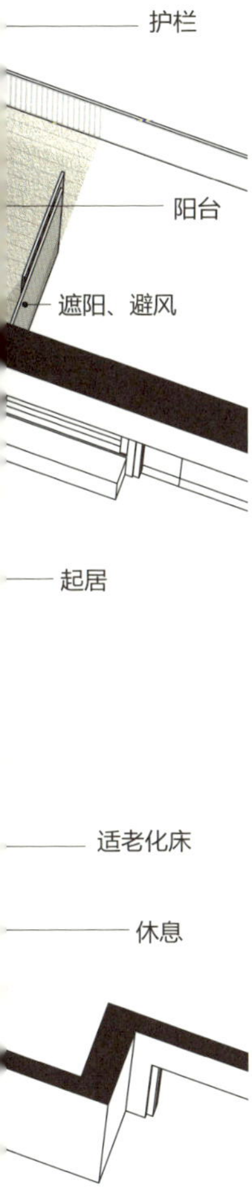

房间和卧室

单个房间的设计灵感源于上文提到的建筑整体分为三部分的设计方法，卧室设计在外侧的两部分建筑上，紧贴外墙；中间部分囊括了交通空间和服务空间。通过设计这些面积不同的房间，许多必备的循环通道就自然而然形成了。需要特别注意的是，设计要避免在纵横交错的通道中形成尽端，因为尽端会让痴呆患者陷入恐慌状态。

在翼楼两端，中间部分面积扩张，并最终将落地玻璃窗与露台和阳台合为一体，此处视野开阔，可以饱览周围公园的景色。

建筑两端较开阔的“日间活动区”，比如，公共社交空间依旧被设计成“群岛”一样的空间，同吧台、厨房、用餐区、休息室、阅读角，或者玻璃陈列台（也就是所谓的展台）的设计一样，呈（半）开放形态。展台上设有水族箱、花圃或石质花园，有的时候甚至可以占据两层空间。

从建筑内部的深层设计上看，封闭的“群岛”设计为多样的定制式服务和相互交流提供了机会。所有的房间中，小休息区和书架都嵌在小房间的墙壁上。居住者可以自主选择在“广场”和“交叉口”处参与社交活动，或者在“边缘的小路”上找寻一处舒适地静静地待着。

“设施完备的房间仅为少数人所有，公共空间总是距离走廊很近”的传统空间构成在本项目中不复存在，取而代之的是由居住者自己一步步探讨、集思广益后形成的设计模式。而这种设计理念，并非只限定于公共社交空间的设计上，也被延伸到私人卧室的设计上。因此在设计上，既要注重房间的社交生活用途，又要兼顾隐私、宁静、个体自由，取得二者之间的良性平衡尤为重要。所有的房间都包含两方面的设计，一方面，房间最大限度地朝向外部空间：古树、Shimmering 养老院的屋顶空间，每个房间都设有独立的凉廊；另一方面，房间内部装有大窗户，可以看到建筑内纵横交错的走廊。当然，根据居住者意愿，这些窗户随时都可以完全关闭。

走廊两侧通向卧房的门，两两一组做“内退式”设计，与房间的室内窗口和位于私人和（半）公共区域间的细长门槛一同形成多个庭院。尽管形式很抽象，但室内景色会经常让人联想到庭院、公园和长椅。这种形象也方便为每个房间进行创造性命名，而不是如传统医院走廊一样，以呆板的字母数字命名房间。

3.2

巴塞罗那
127 户社会福利老年公寓

项目名称：127 SOCIAL DWELLINGS BUILDING, PREMISES AND PARKING IN BARCELONA
项目设计：EDUARD BRU I BISTUER, NEUS LACOMBA MONGÉ, VÍCTOR SETOAIN PEREGO
项目地点：西班牙，巴塞罗那
客　　户：PATRONAT MUNICIPAL DE L'HABITATGE DE BARCELONA, AJUNTAMENT DE BARCELONA
建筑面积：1 846 m^2
层　　数：地上 10 层，地下停车场 1 层
竣工时间：2011 年
摄　　影：ADRIÀ GOULA , JORDI SURROCA

本项目坐落在城墙下，这里原来是巴塞罗那第三道城墙后的一个堡垒，后来又被用作医院、监狱、广场和游泳池。但是现在，它摇身一变，成了老年人的社会住宅。

老年人社会住宅的户型设计很简单：公寓布置在中心走廊的两侧，建筑转角处的设计颇为新奇，并且将公共设施集中设计在低层。

Miquel Pallés 的小广场

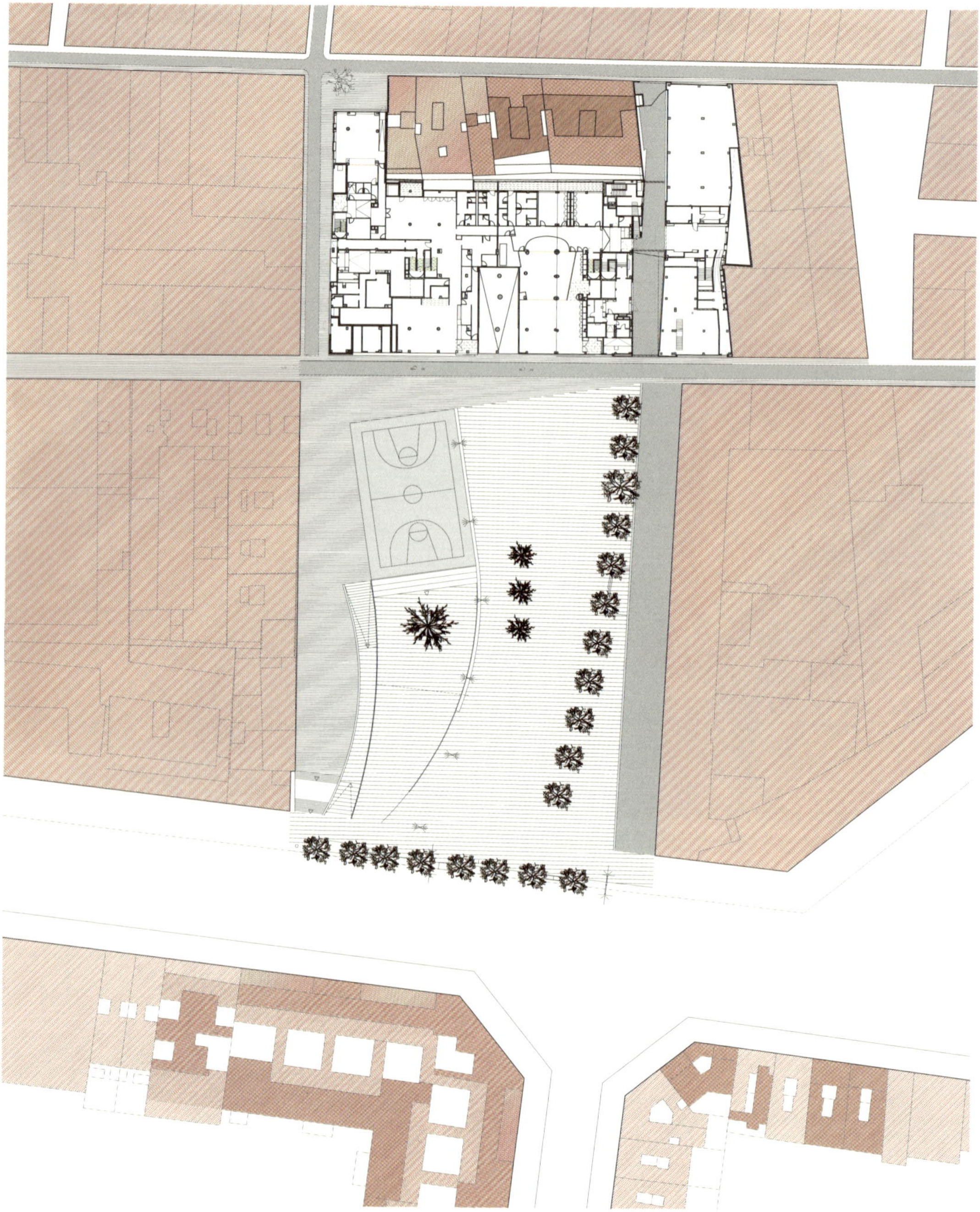

总平面图

从房间里可眺望到小广场

“中介”功能的庭院将新旧街区结合到一起

该建筑融合了城墙内外两种不同的城市风貌：一边延续了拉瓦尔区的建筑风格。用一个名为 Miquel Pallés的小广场，不仅为室内提供更好的自然照明，而且还将建筑与 Carretes 大街连系起来。在高度上，一侧和位于 Ronda San Antoni 大街上的最高建筑物 Eixample 比肩，另一侧在高差上与周围的城市建筑物有一定的过渡作用。

远眺养老院，与城市融为一体

一层平面图

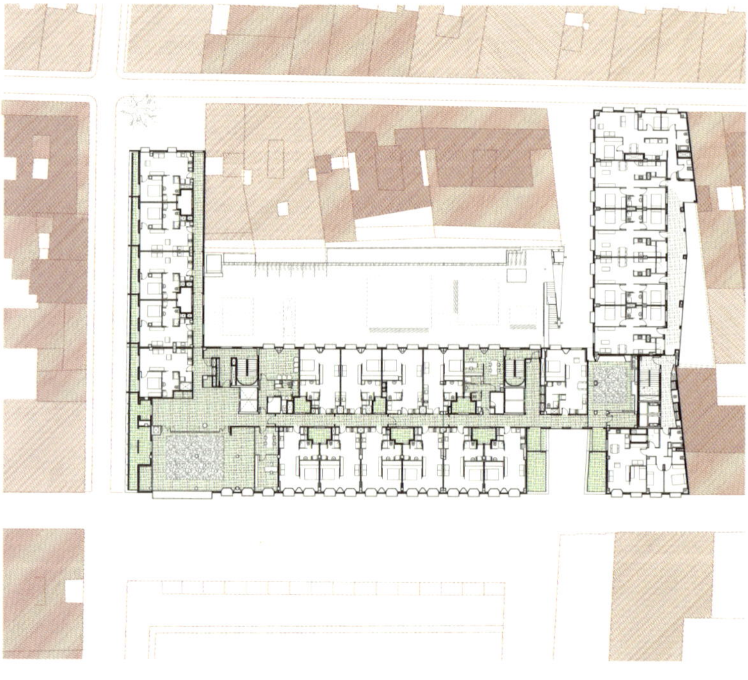

二层平面图

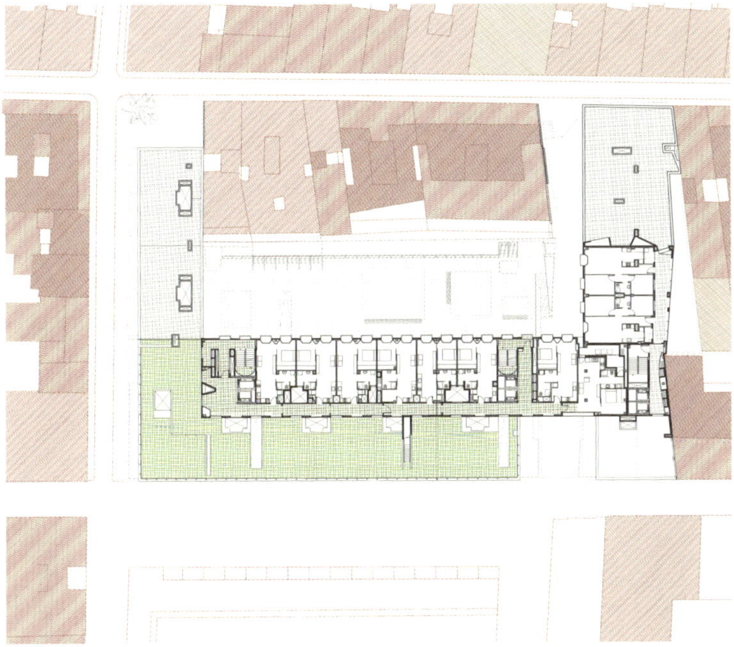

五层平面图

对外开放的一层公共空间引来老年人的光顾

小广场成为居民休闲、运动、娱乐的场所

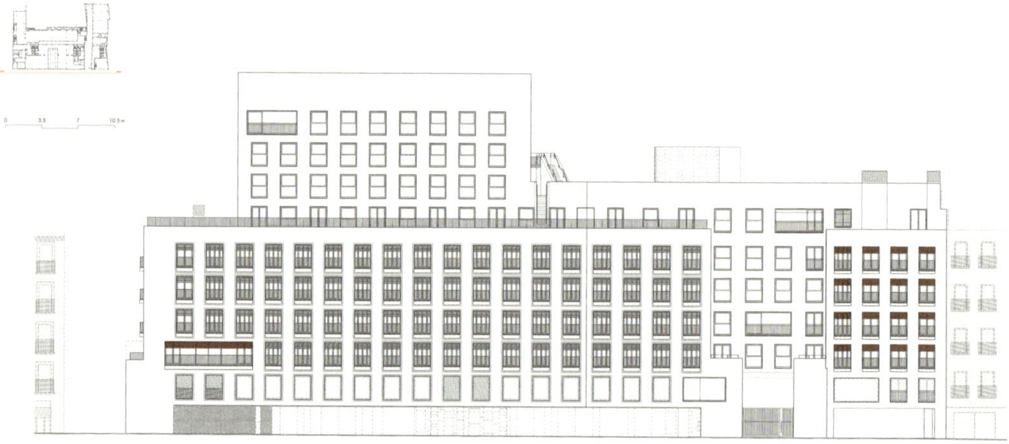

立面图

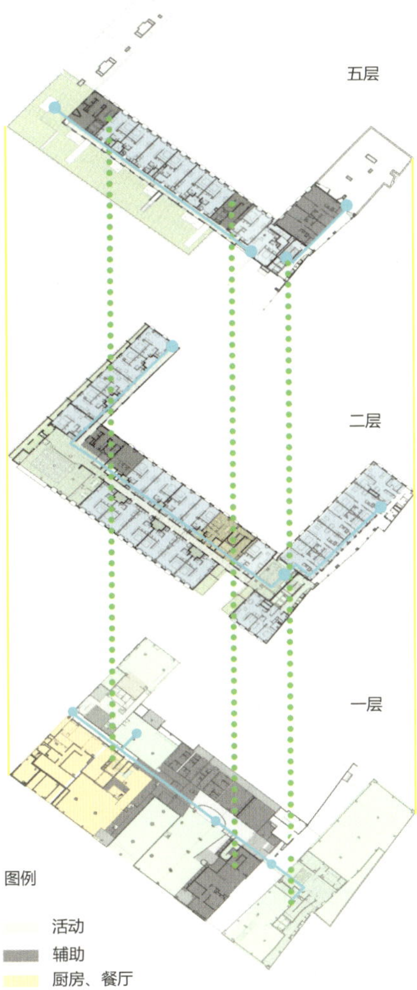

垂直功能分析图

本项目现在打通了 Eixample 大楼和拉瓦尔区间的住宅，致使两边的空间被连系起来。同时，也将过去与现在、手工建造与现代高科技建造融于一体。

设计师在设计本项目之前就已经考虑到了它在周边环境和市区间应该起到“中介”的功能。将社会住宅、养老院和公共设施等不同的项目置于同一个建筑中，同时，在拉瓦尔区著名的狭窄街道中兼顾了场地的周边环境、城市氛围和功能用途。设计的创新之处在于采用了走廊、广场，并更新了孔隙系统，促进了该区域的气候平衡。

从养老院房间看住区

从养老院房间看城市

与邻近居民区连接的通廊

通向室外的门

室内实景 1

室内实景 2

3.3

葡萄牙 Torre Senior 老年住宅楼

项目名称：ELDERLY RESIDENTIAL BUILDING TORRE SÉNIOR
项目设计：José António Lopes da Costa and Tiago Meireles
项目地点：葡萄牙，圣蒂尔苏
建筑面积：6 000 m²
层　　数：4 层
竣工时间：2013 年
摄　　影：Manuel Aguiar

本项目住宅楼包括 60 个卧室（3 种房型）、行政管理区、员工设施、生活及活动区、用餐服务区（厨房、食品储藏室、洗衣房和后勤设施）、健身与水疗区，以及技术区、储藏室和停车场。

项目场地地块形状（建筑区呈三角形）以及三角形的大陆坡都在很大程度上限制了本项目设计。因此，设计师决定将建筑设计成两个相互垂直的结构，形成类似“T”形的造型。位于场地南面稍长的建筑里设置了公共区域（社交区、用餐区）、管理区和大部分卧室，与场地的陡坡相平行，与建筑场地相呼应，便于引进南侧的太阳光，还可以欣赏到河对岸的风景。

白色的建筑与蓝天白云遥相呼应

夕阳的余晖洒照在住宅楼的外走廊

区位图

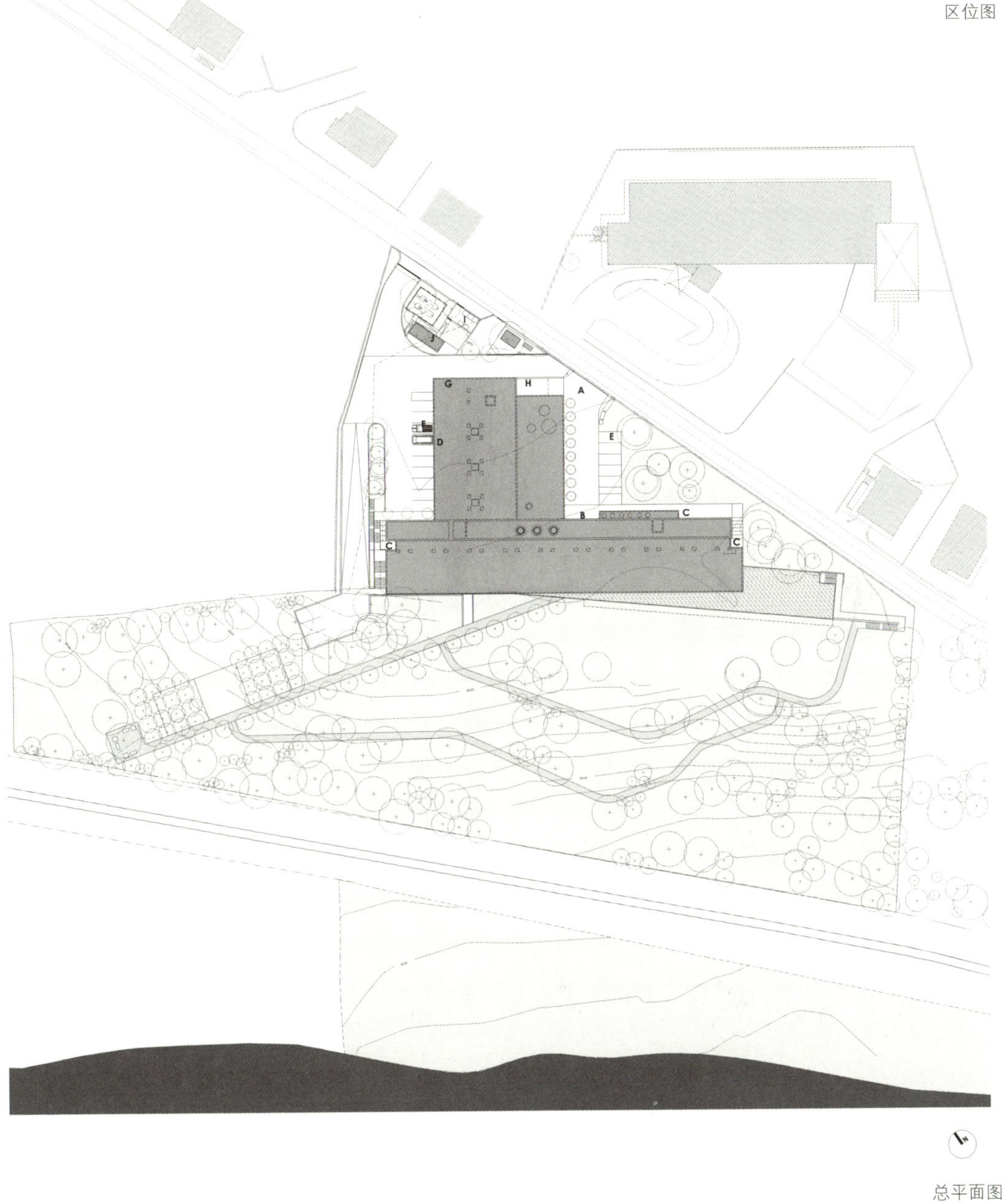

总平面图

南向立面采用白色线性排列的构成手法

一层平面图

外观夜景 1

二层平面图

外观夜景 2

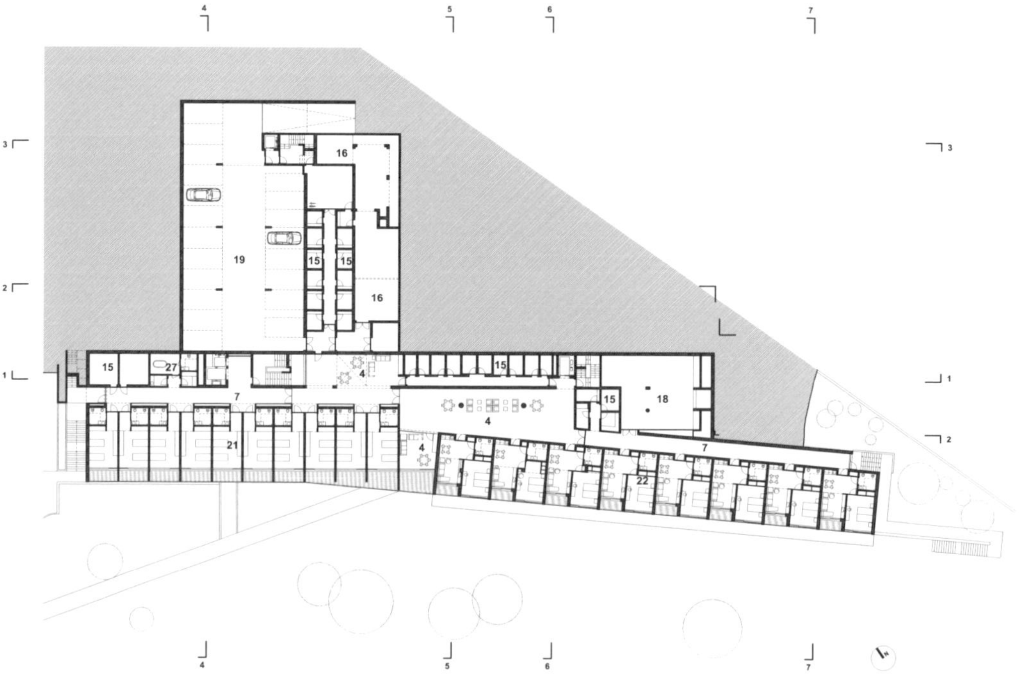
4
5
6
7
3
3
2
1
1
2
15
27
16
19
15
15
16
4
7
15
4
15
18
21
4
7
22

三层平面图

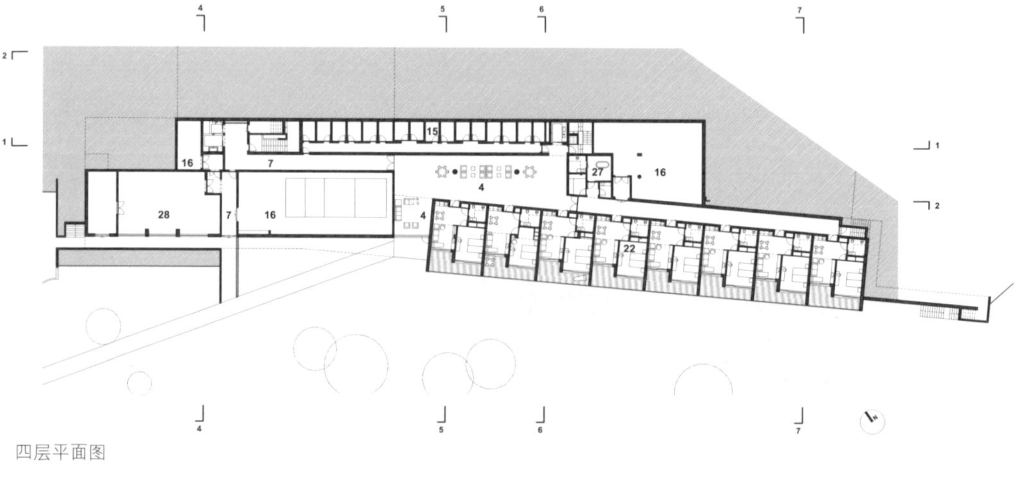
4
5
6
7
2
1
1
2
15
16
7
27
16
4
28
7
16
4
22

四层平面图

侧立面设计简洁明快

外观实景

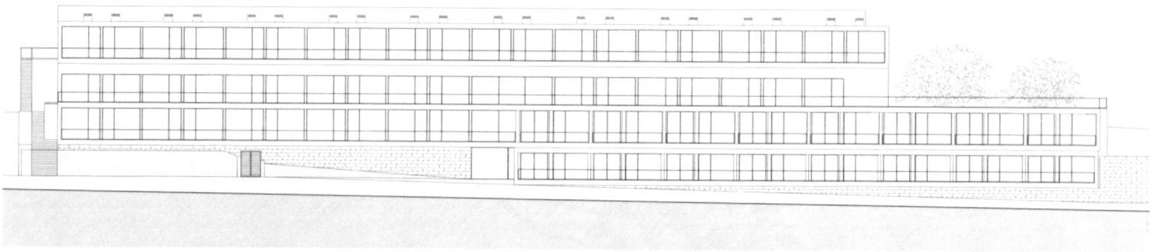

南立面图

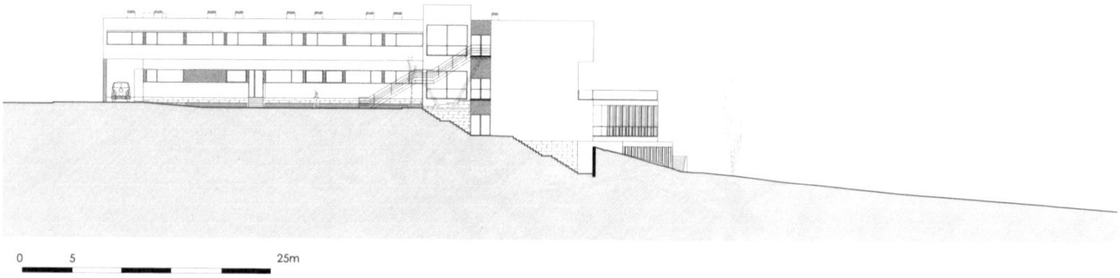

西立面图

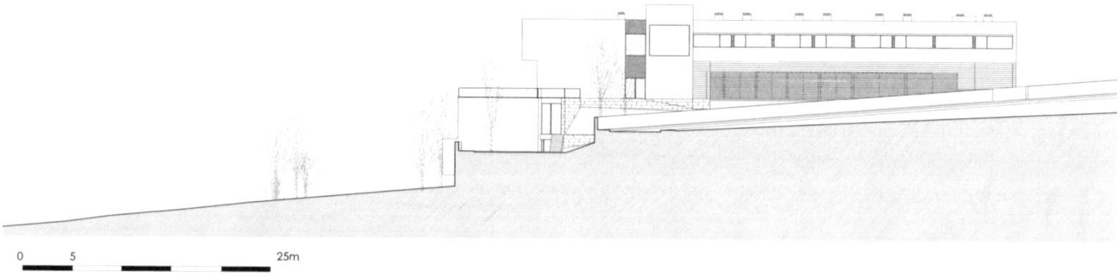

东立面图

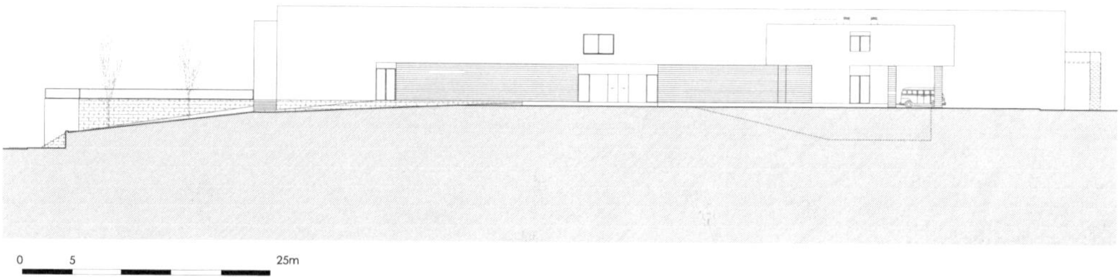

北立面图

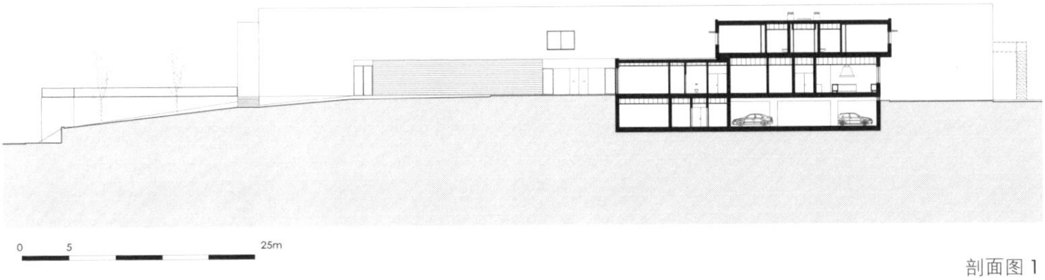

剖面图 1

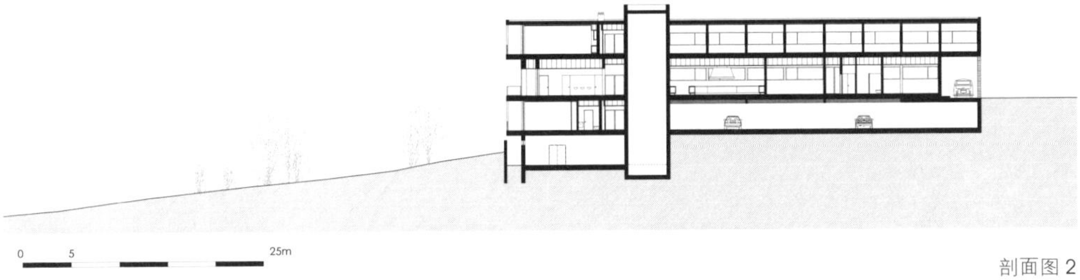

剖面图 2

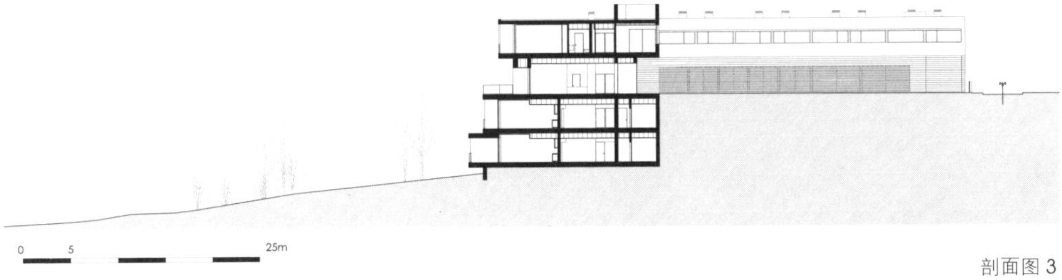

剖面图 3

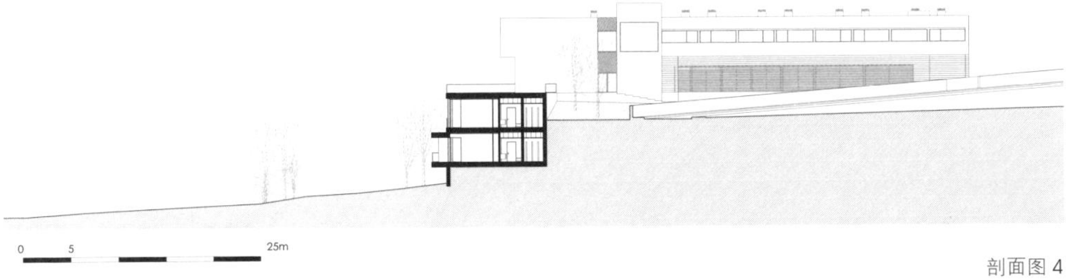

剖面图 4

建筑共 3 层（个别部分 4 层），两层位于地上，一层位于地下。整个建筑面向街道的北侧更为封闭、紧凑，而面向山谷风光的南侧则更为开放，在一层设置了所有的接待活动区、生活社交区、用餐及辅助服务区。建筑西侧设有医护办公室、护理室、理疗、运动场、室内泳池（水疗休闲）以及后勤设施（更衣间和卫生间）等，而停车场则设在地下一层。

一层还有专属卧室和医院辅助区。在负二层（地下室）有 10 间卧室，其中 8 个带有卧室和起居厅的套间（都位于南面的建筑中）。在西面的建筑中，有停车场（内设 20 个车位）、独立储藏室、技术区、生活区、带辅助设施的盥洗室和洗衣房。

在负一层（半地下室）有 8 个套间、独立储藏室、技术区和后勤设施。

围绕整个项目的绿地将所有的小路和带绿荫的休息区整合在一起。

建筑南侧可欣赏到秀丽的山谷风光

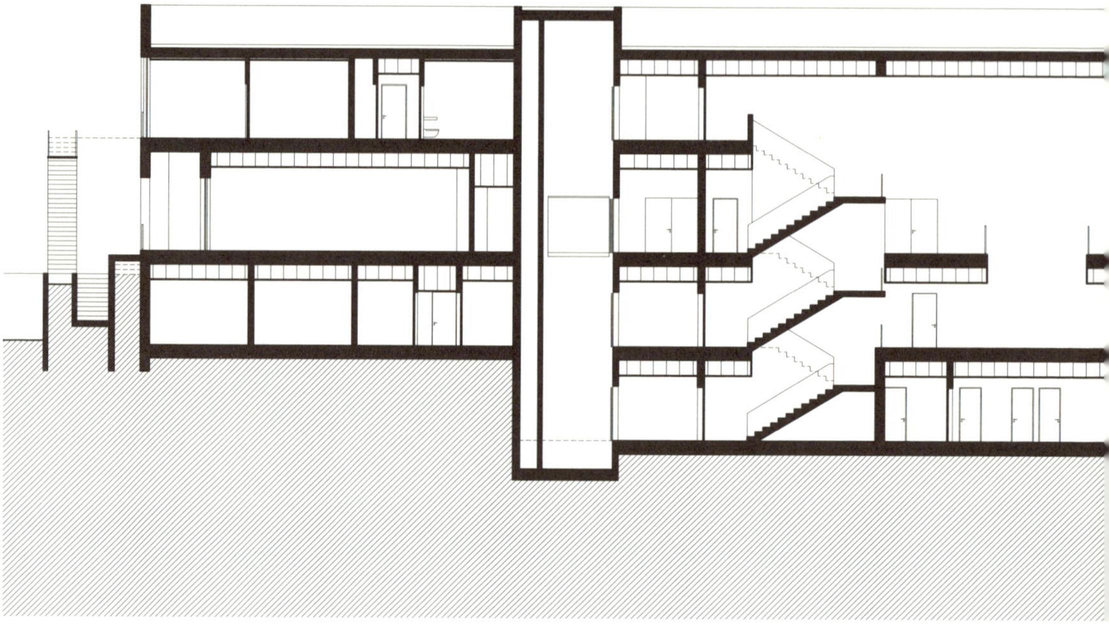

住宅楼室内实景

剖面图 5

建筑内部以明亮通透的线性空间为主

丰富多变的垂直空间

自然有机木制家具给老年人以温馨舒适之感

住宅楼室内走廊

住宅楼起居室

卧室

3.4

芬兰安丁科蒂养老院

项目名称：ANTINKOTI HOME FOR THE ELDERLY
项目设计：L&M Sievänen Architects Ltd.
项目地点：芬兰，赫尔辛基
客　　户：Helsinki Foundation of Seniors
建筑面积：3 900 m²（翻新）+ 2 000 m²（新建）
层　　数：4 层
竣工时间：2005 年
摄　　影：Jussi Tiainen, L&M Sievänen

安丁科蒂养老院坐落于芬兰首都赫尔辛基东北部。旧楼部分始建于 1973 年，现在需要进行改造，提升它的使用功能。改造和扩建的目的主要基于一个原则：为老年人提供一个舒适的生活场所。所以设计中要考虑现在以及不久的将来的需求，让每位生活在这里的老年人都能享受到专属的卧室、厕所和淋浴设施。

建筑色彩鲜明 采用线面结合的构成手法

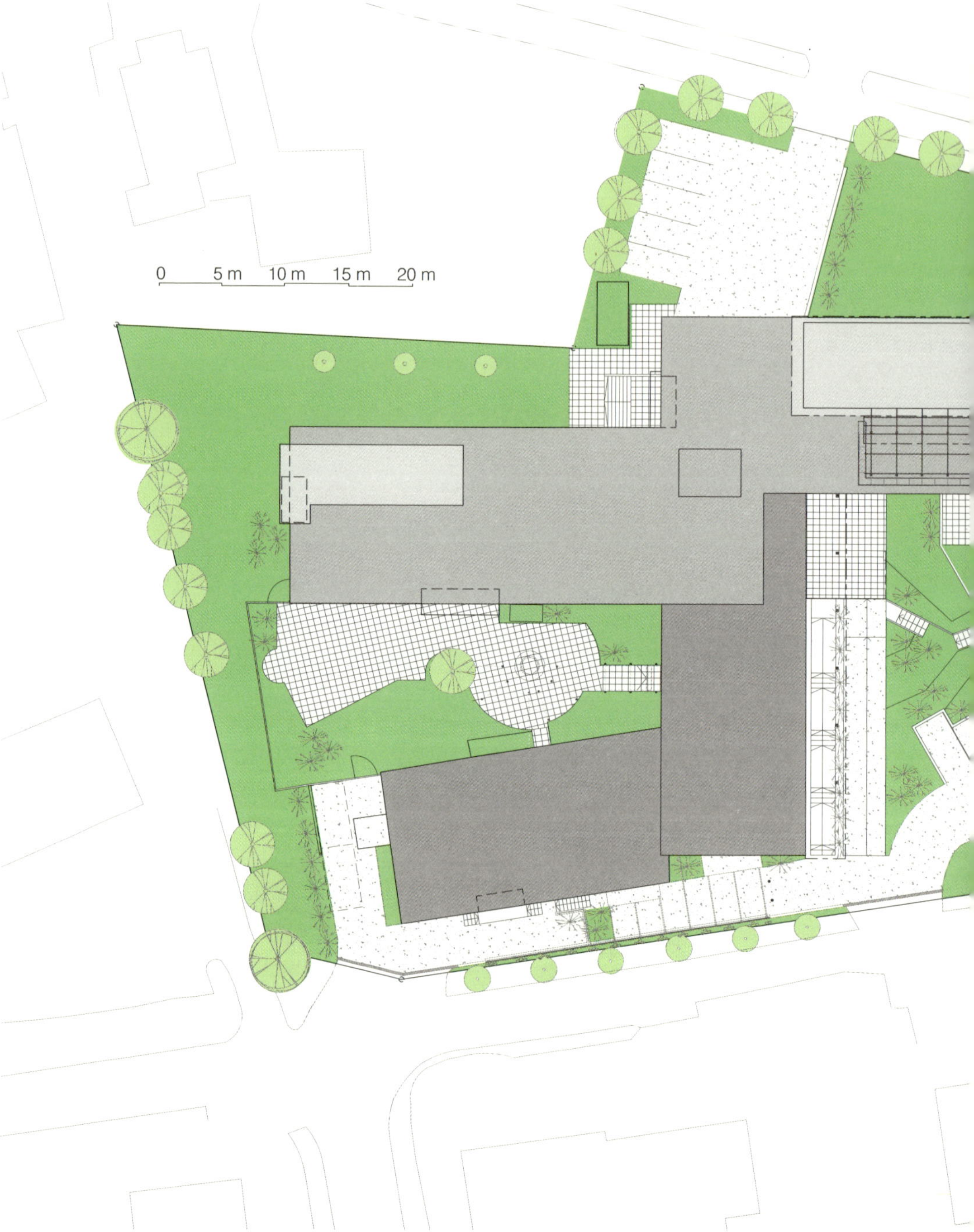
0 5 m 10 m 15 m 20 m

总平面图

一层平面图

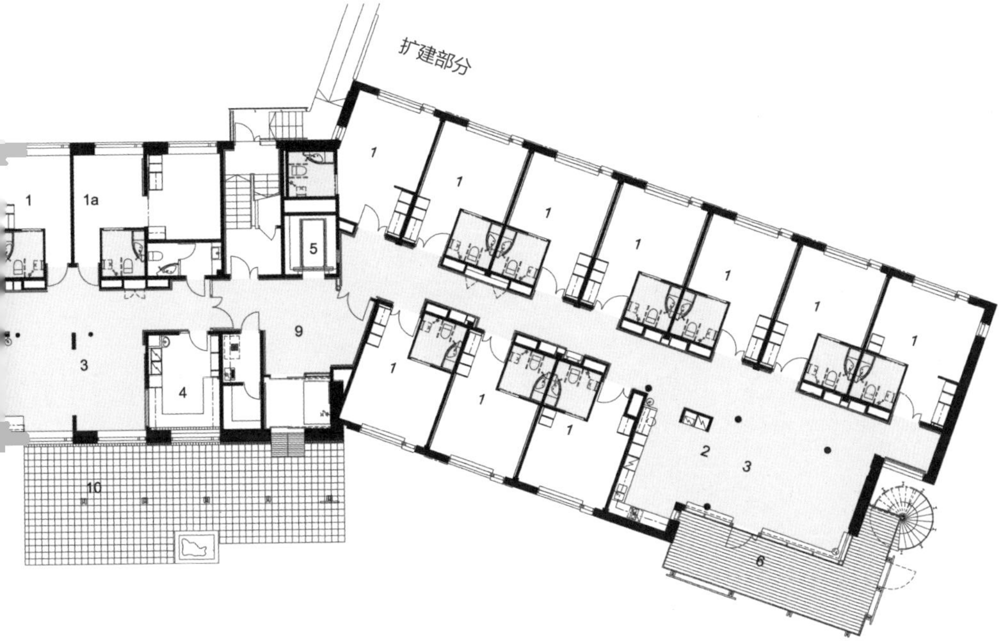

1. 单人间
1a. 双人间
2. 餐厅
3. 客厅
4. 办公室
5. 电梯
6. 阳台
7. 浴室、桑拿室
8. 洗衣房
9. 门厅
10. 露台

每一层都被分割成 2~3 个生活区，共同使用本层的桑拿房和洗衣房。其中提供给工作人员的房间被尽可能最小化，促使他们大部分时间都和老年人在一起。

在芬兰，养老院的独立卧室一般有 25 m²，除了独立的卧室之外，还要为老年人提供聚会和见面的公用区域，例如客厅和餐厅。在安丁科蒂养老院，新扩建部分的卧室面积为 24~26 m²，但由于原有建筑的格局，改造部分的卧室面积只有 17 ~ 20 m²，每个房间在设计时都包含一个 4 m² 左右的卫生间。在芬兰，特殊群体的集中住所要求每层至少有一个桑拿房和一个洗衣房。

立面造型丰富使建筑与周围植被融为一体

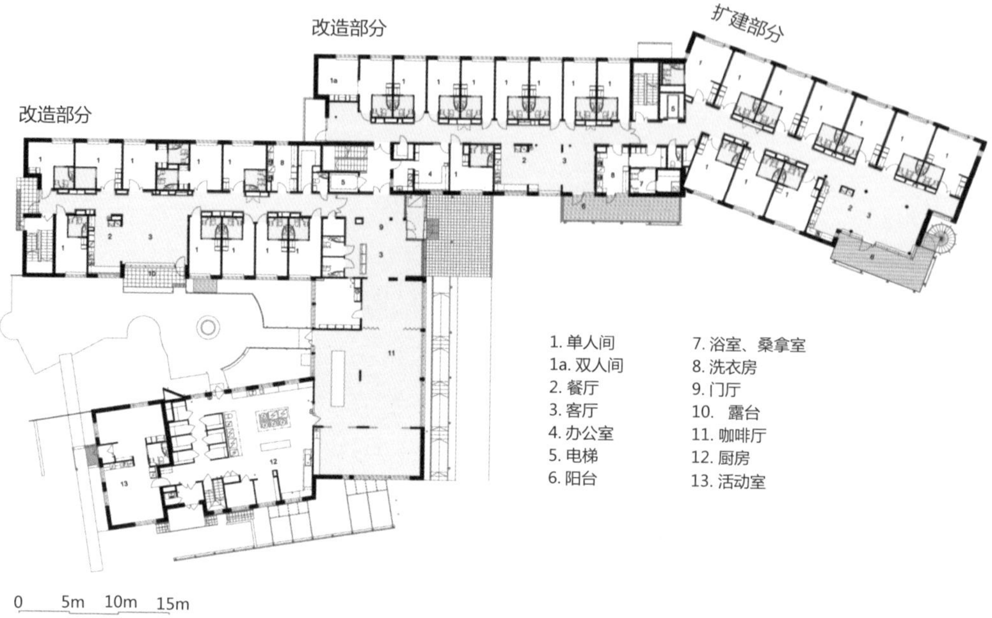
改造部分
改造部分
扩建部分
1. 单人间
1a. 双人间
2. 餐厅
3. 客厅
4. 办公室
5. 电梯
6. 阳台
7. 浴室、桑拿室
8. 洗衣房
9. 门厅
10. 露台
11. 咖啡厅
12. 厨房
13. 活动室
0 5m 10m 15m

二层平面图

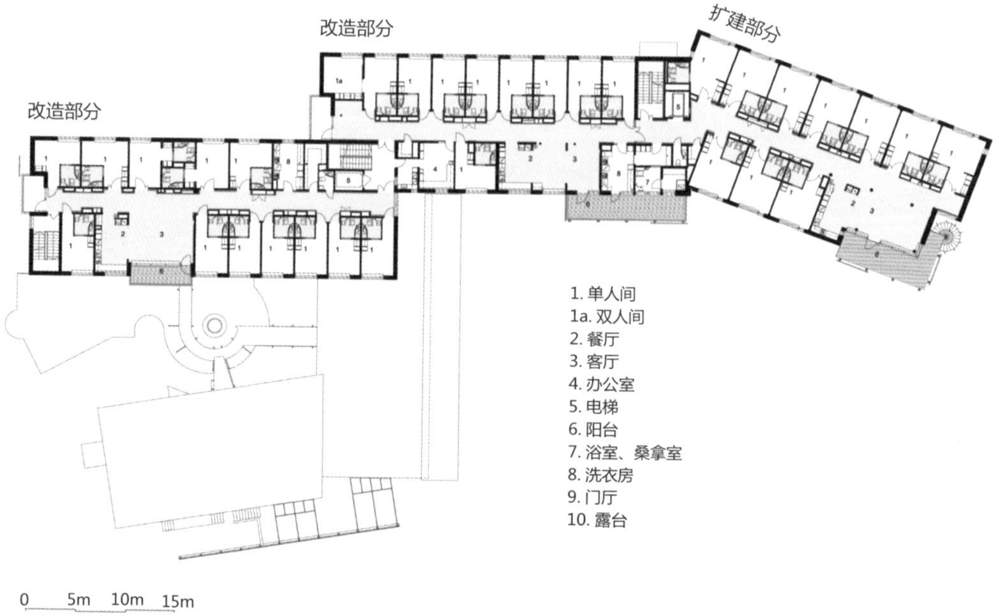
改造部分
改造部分
扩建部分
1. 单人间
1a. 双人间
2. 餐厅
3. 客厅
4. 办公室
5. 电梯
6. 阳台
7. 浴室、桑拿室
8. 洗衣房
9. 门厅
10. 露台
0 5m 10m 15m

三层平面图

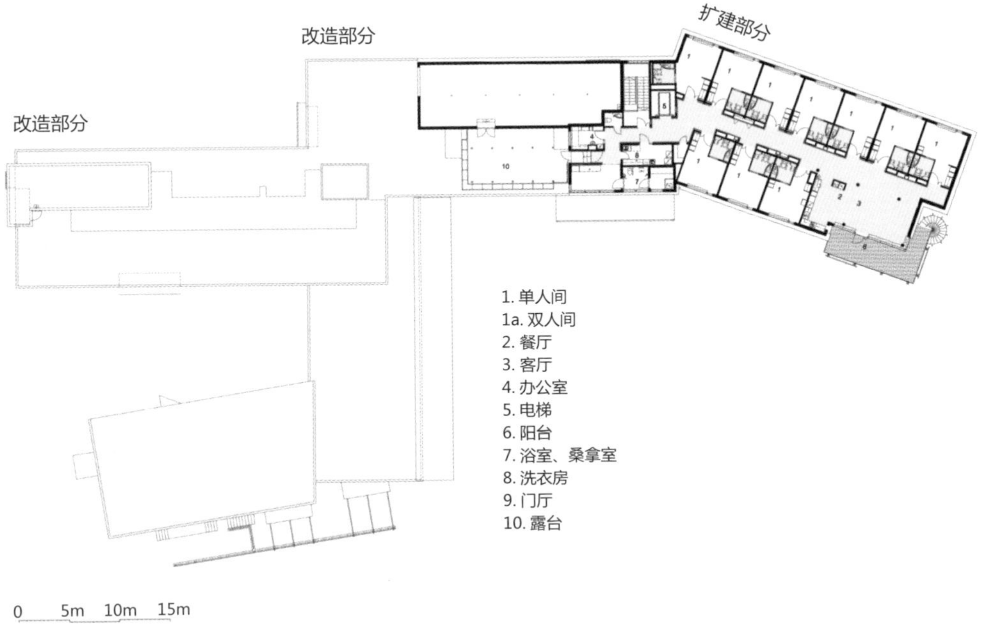

四层平面图

设计过程的每一步都要考虑如何使老年人能尽量自理生活，如何从工程学角度方便工作人员照顾他们。这样的考虑要求计划书应该极尽细致缜密，空间的利用和物品的摆放都要经过精心考虑。为了更好地让老年人辨别方向和位置，每层楼都使用不同的颜色。因为人上了年纪之后，视力和行动力都会变弱，所以设计师趋向于涂抹色彩浓烈的颜色。每个房间的传音效果也是设计的重点之一，因为他们的听力也会随着年龄的增长而变得大不如前。

从建筑学角度来讲，设计师希望新建部分充满现代气息，尽可能地使用砖块和木头作为搭建材料。然而，老年人聚集的多层建筑，其内部和外部使用的木质材料都有消防严格的控制，所以不得不放弃木质材料。

借助间接照明和各式各样灯具灯饰的帮助，工作人员可根据环境变调试出不同的灯光效果。强烈的色彩变化，最大限度地在室内使用木质表面，使养老院变得更有家的味道，舒服温馨。舒适美好的生活和工作环境会让人心情大好，适于在这里安度晚年。

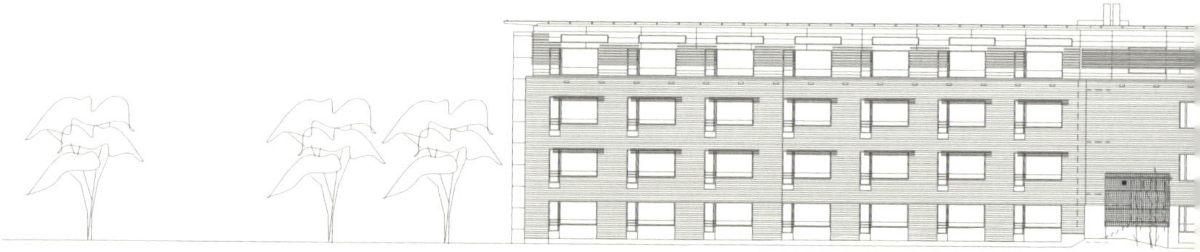

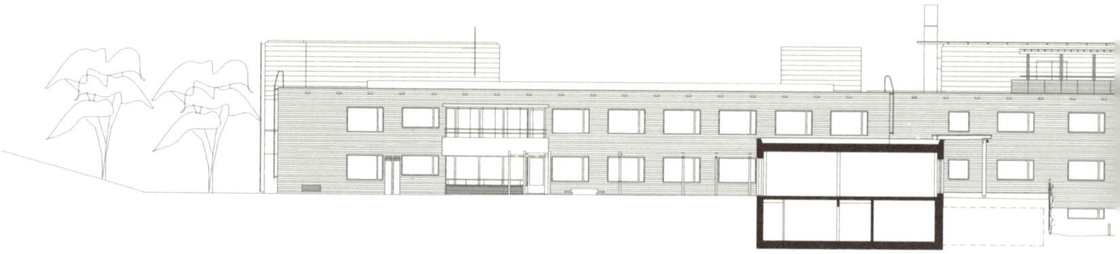

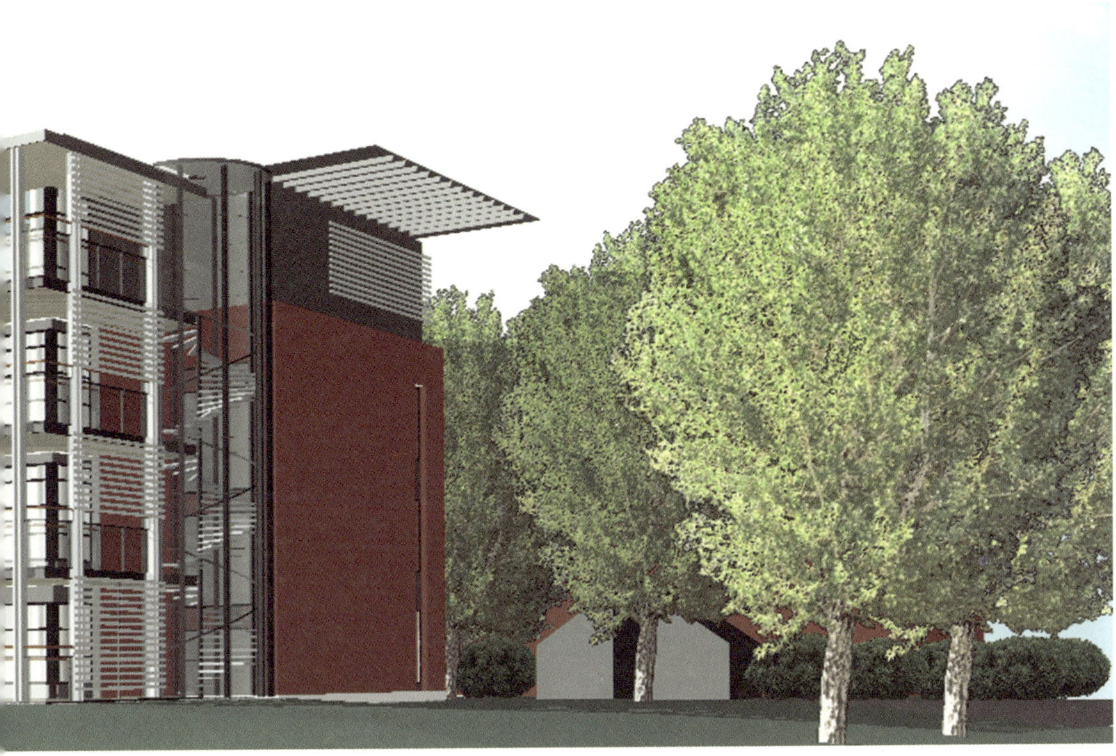

养老院外观模型

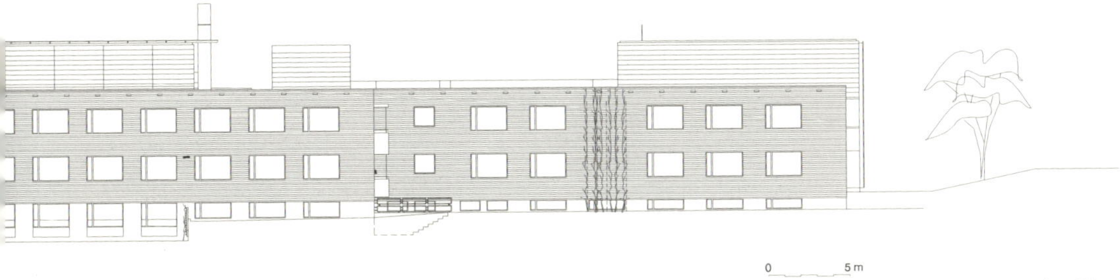

东立面图

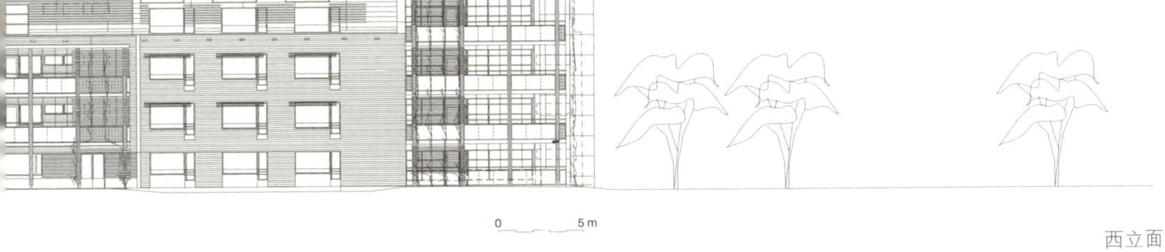

西立面图

养老院户外台阶把手设计结合人体工学，坡道采用无障碍设计

养老院周围绿色景观环绕，可从窗外远眺美景

养老院外部的绿色休闲区内设有公共座椅供老年人使用

入口空间以暖色调为主给老年人以舒适之感

养老院内设有宽敞明亮的阳台，老年人在此处既可享受温暖舒适的阳光，又可远眺周围的绿色景观

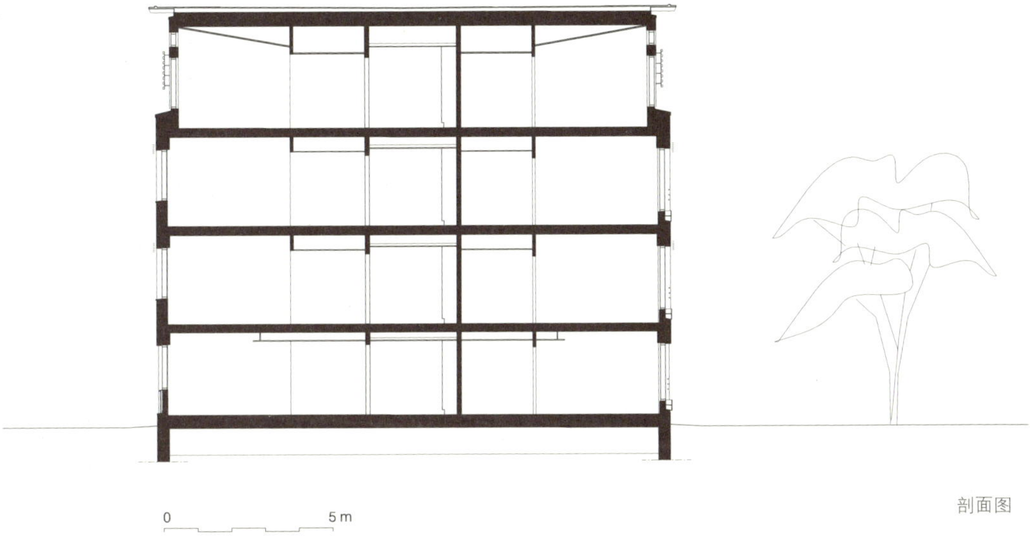

剖面图

养老院室内走廊的照明设计

红砖材料重复运用，构成了层次多变的立面肌理效果

简洁的单元入口更注重无障碍设计

室内以温暖舒适的暖色调为主

家具以绿色环保的木制、竹制家具为主

3.5

芬兰 Munknashemmet 养老院

项目名称：MUNKNÄSHEMMET, HELSINKI FINLAND
项目设计：L&M Sievänen Architects Ltd.
项目地点：芬兰，赫尔辛基
客　　户：Gaius Foundation
建筑面积：4 150 m²（翻新）
层　　数：5 层
竣工时间：2007 年
摄　　影：Jussi Tiainen L&M Sievänen

Munknashemmet 养老院坐落于芬兰赫尔辛基的西部，隶属于盖乌斯基金会的养老院旧楼。建于 20 世纪 50 年代，由建筑师 Hilding Ekelund 和 Erich von Ungern-Stenberg 设计的，是那个时代的典型建筑。

起初建筑内的老人居住房间较小，而且沿走廊设置的卫生间和浴室也很少。主楼共 5 层，其他 3 个附属建筑各两层，与主楼不在同一水平面上，其中 3 个稍矮的附属建筑是员工的住宅区，内设厨房。建筑在 20 世纪 80 年代曾翻修过一次，翻修后，房间面积大小不一，建筑布局十分复杂。在一层设立了小教堂，在二层设计了大的用餐区和大厨房。现在经过改造，所有的大空间都被用作生活区。

养老院的外部绿色景观

12

总平面图

5
9
1
1
1
1
1
1
1
1a
6
13
5
4
1
9
12
0
5
10m

1. 单人间
1a. 双人间
2. 餐厅
3. 客厅
4. 办公室
5. 电梯
6. 阳台
7. 浴室、桑拿室
8. 洗衣房
9. 门厅
10. 露台
11. 咖啡厅
12. 厨房
13. 活动室
14. 服务区

一层平面图

MUNKSNÄSHEMMET

养老院沿街立面

养老院沿街立面的构成简洁大方，与街道相呼应

环形半包围

北立面图

养老院营造出宁静安逸的景观环境

以木质为主的阳台具有足够的亲和力

庭院小路曲径通幽

养老院景观充分考虑无障碍设计

东立面图

西立面图

建筑体量设计上采用化整为零的手法，大的建筑体量分散为 4 个小体量以减少压迫感，并在平面上形成微微内收的曲线与环境相呼应，整个建筑在坡地上非常轻盈舒展，富有节奏感的形象带给老年人轻松的环境氛围。

养老院入口处

南立面图

养老院周边植被丰富

室内色彩明快，以木制家具为主

1. 单人间
1a. 双人间
2. 餐厅
3. 客厅
4. 办公室
5. 电梯
6. 阳台
7. 浴室、桑拿室
8. 洗衣房
9. 门厅
16. 公寓
17. 小型会议室

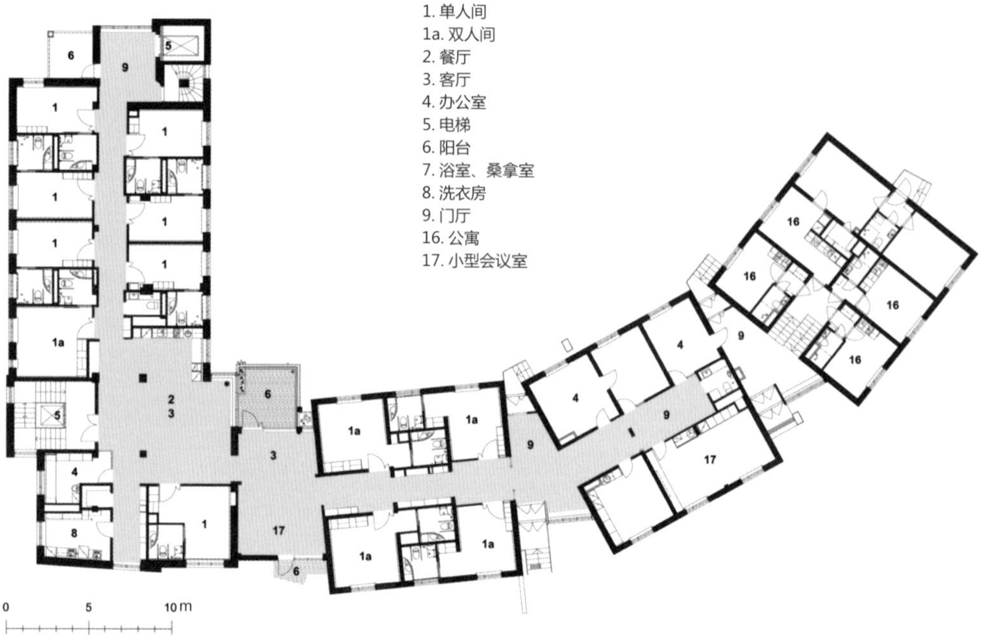

二层平面图

1. 单人间
1a. 双人间
2. 餐厅
3. 客厅
4. 办公室
5. 电梯
6. 阳台
7. 浴室、桑拿室
8. 洗衣房
9. 门厅
16. 公寓
18. 小礼拜堂

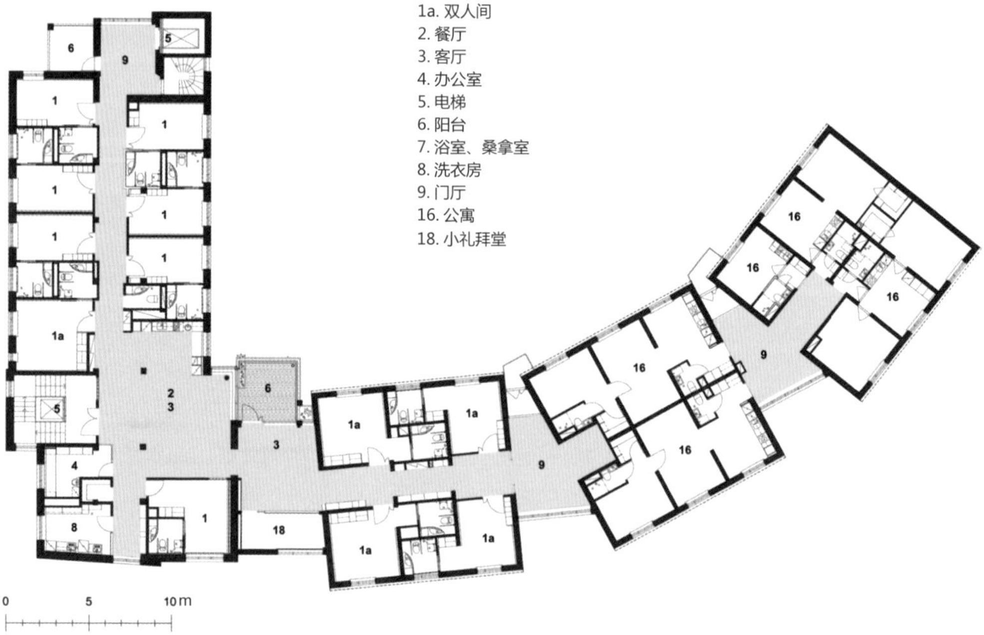

三层平面图

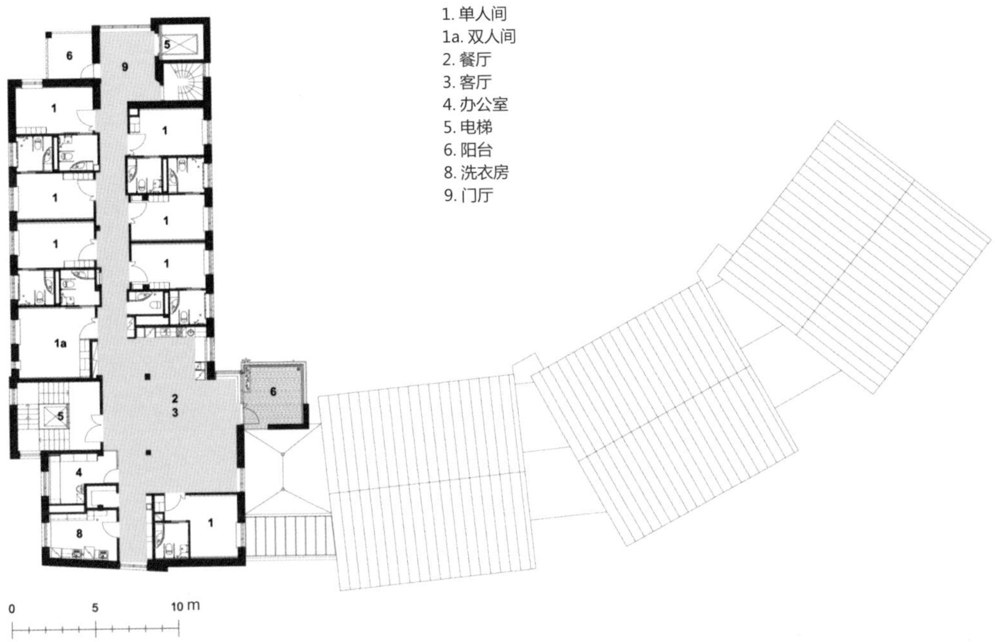

四层平面图

本项目主要的设计目标是使旧建筑适应新时代生活的要求，比如每个居住者都要有自己的房间，房内要有相应的卫浴设施。一个新建的连接通道将第一栋附属建筑与主楼连通，两栋建筑楼层上的高差通过设置一个缓坡被消除。

建筑室内设计的一个主要原则是，通过使用多种 20 世纪 50 年代流行的颜色及木质材料，为居住者创建一个舒适的氛围，营造一个有吸引力的居住环境。

在建筑外部，建造的主要元素是新的大观景阳台，以及庭院中的新墙壁。每一层的阳台都可以使居住者“走出”建筑，亲近自然，即便是行走不方便的老年人，也可以在病床上透过阳台观赏景色。

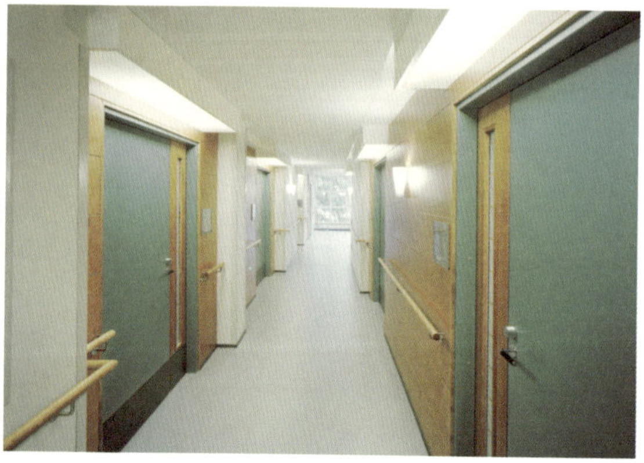

室内公共走廊

养老院休闲区 1

室内家具以不同的组合模式呈现，以便为老年人提供更为丰富的交流场所

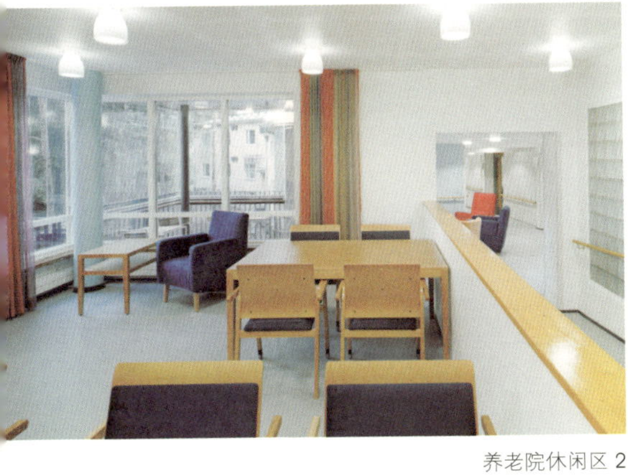

养老院休闲区 2

养老院休闲区 3

东侧剖面图

阳台保证充足的光线

室内光线趋于柔和

室内采光注重层次变化，营造丰富的光线效果

私人用餐区

居住单元阳台

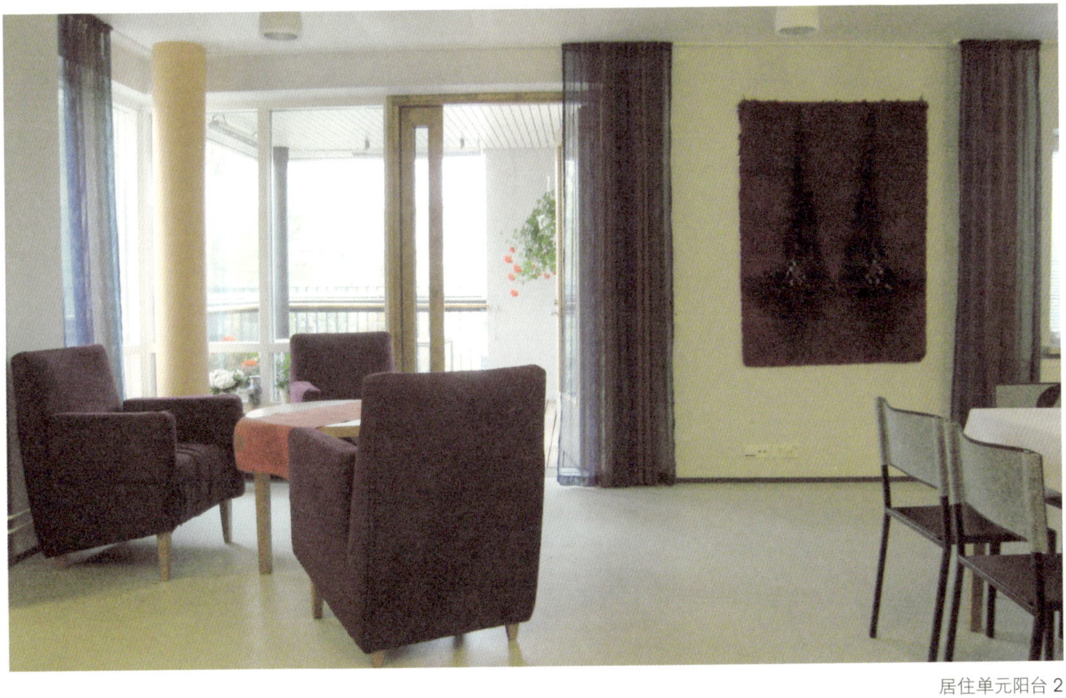

居住单元阳台 2

3.6

日本三岛市 Idu Terrace 养老院

项目名称：NURSING HOME FOR THE ELDERLY IN MISHIMA
项目设计：Motoyasu Muramatsu
项目地点：日本，静冈县
客　　户：Social welfare corporation WELLNESS CARE
建筑面积：970.94 m^2
层　　数：5 层
竣工时间：2008 年 3 月
摄　　影：Toru Waki

该项目旨在促进疗养院内的老年人与周边社区人员的互动和交流。远处伊豆山脉和令人陶醉的富士山美景为这所疗养院增色不少。在这样宜人的环境之中，四季的轮转和时光的流逝平添了生活的乐趣，促进人们身心的恢复。

这是 2008 年开业的三岛市内首个全部单人间的组团式特别养护养老院，包括 70 个床位的特别养护部分和 10 床的短期入住床位。养老建筑空间以组团形式呈现，提供多样的养老服务模式，对老年人生活起居进行管理。其目的是营造出回家般的生活体验，让老年人能够按照自己个性和规律进行日常生活。保证入住前家庭生活和入住后养老院生活上的连续性。

养老院的步行空间

这座 5 层高的建筑顺应了场地和周边环境的特征，其开阔的内部空间内设有一座花园。绿色植被点缀着每一层的露台，为居民营造出一个静谧的居住环境。从建筑北部的停车场，穿过玻璃入口到大厅，整个路线使内部花园与外部环境连为一体，形成一种连续感。建筑的各个开口为人们提供了充足的采光，并为内部花园送去缕缕清风。设在东、西、南、北 4 个方向的露台、内部花园上方公共空间、走廊和交流区域，共同构筑了一种通透感，并实现了室内外的有效连通，为各个独立和相关空间营造了和谐之美。

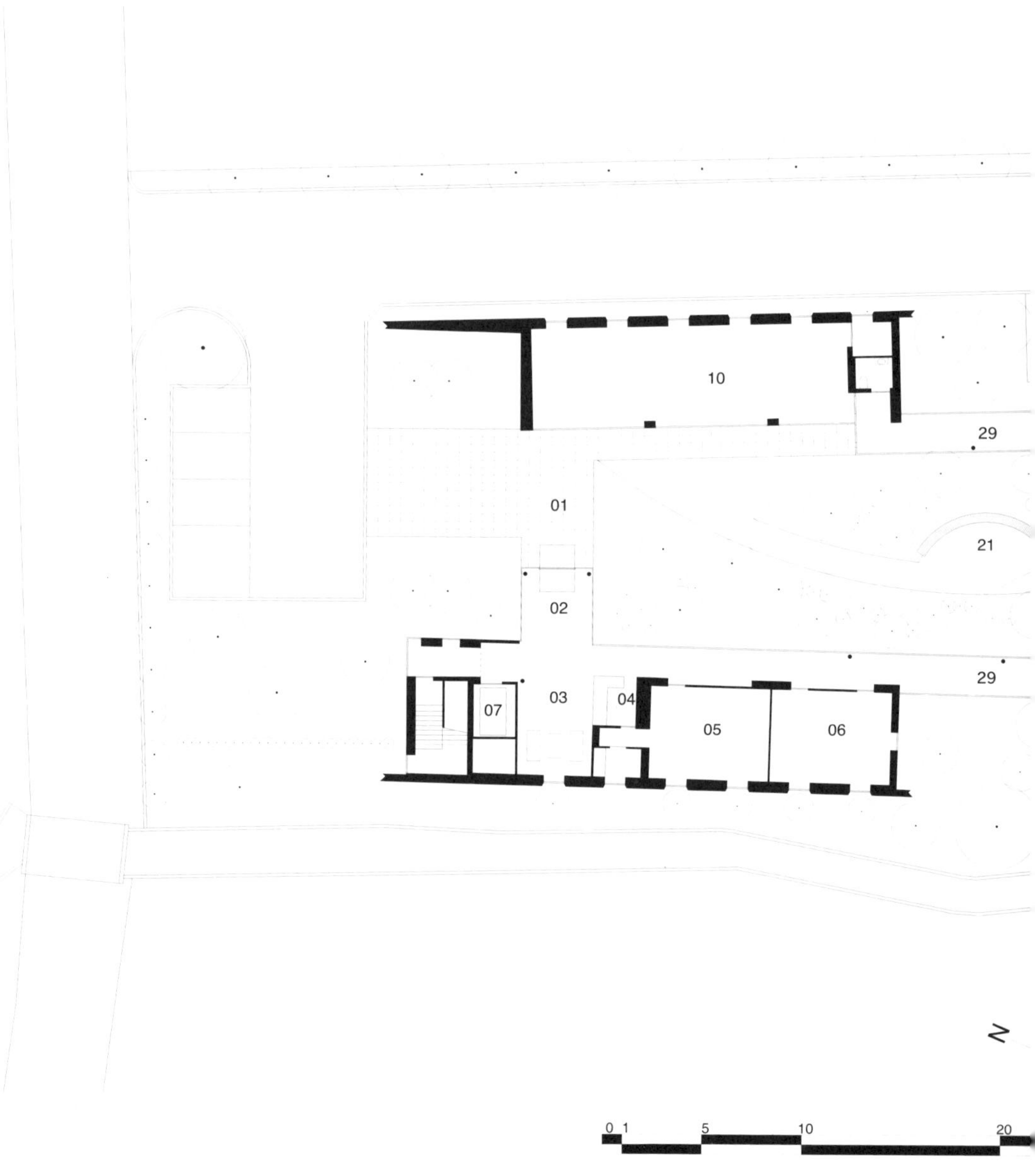

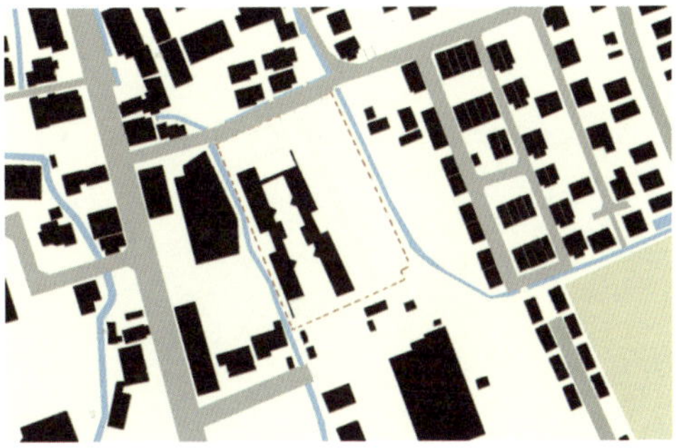

区位图

01. 走廊
02. 入口
03. 门厅
04. 接待处
05. 办公室
06. 会议室
07. 电梯
08. 浴室
09. 更衣室
10. 多功能室
11. 厨房
12. 员工茶水室
13. 员工入口
14. 值班室
15. 咨询室
16. 储物间
17. 洗衣房
18. 机械室
19. 后廊
20. 垃圾区
21. 庭院
29. 画廊

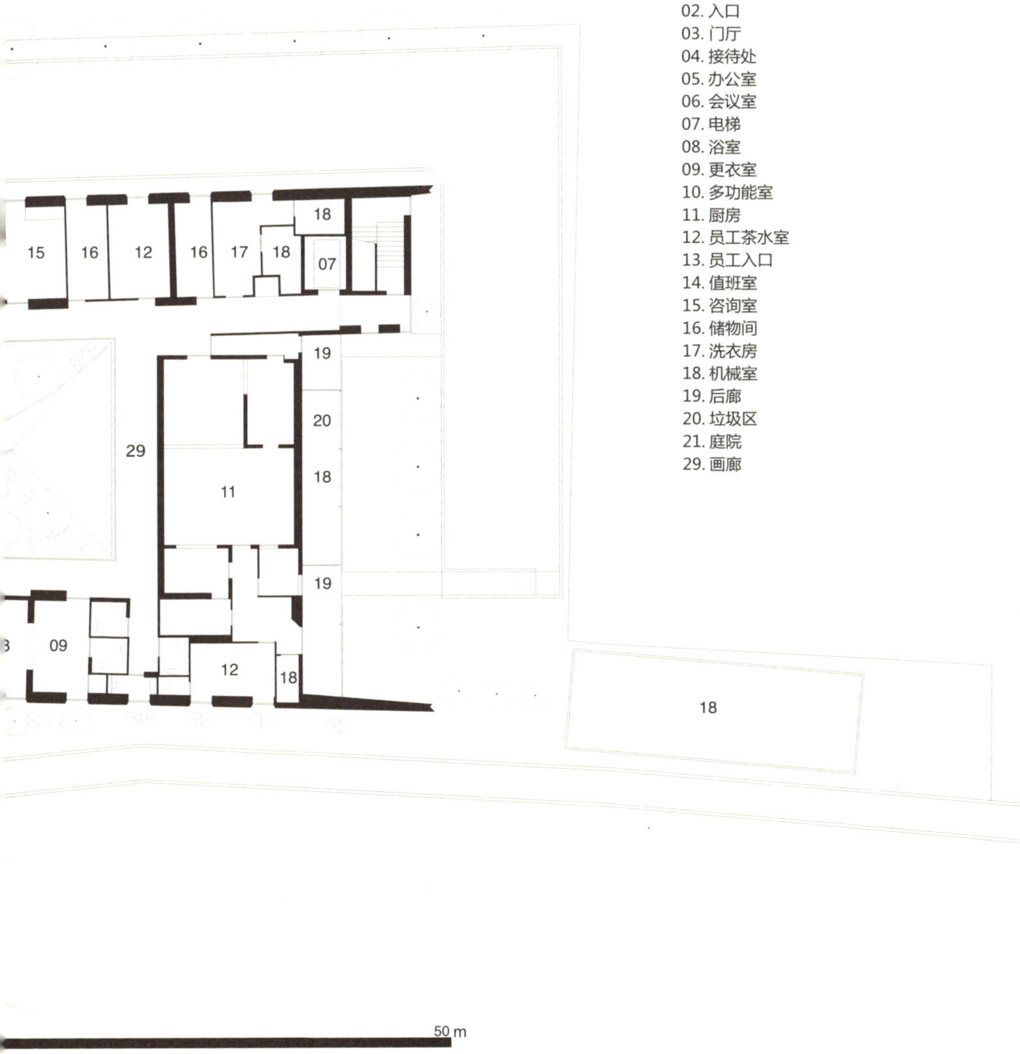

一层平面图

养老院外观实景

养老景观步行道使建筑内外空间连为一体

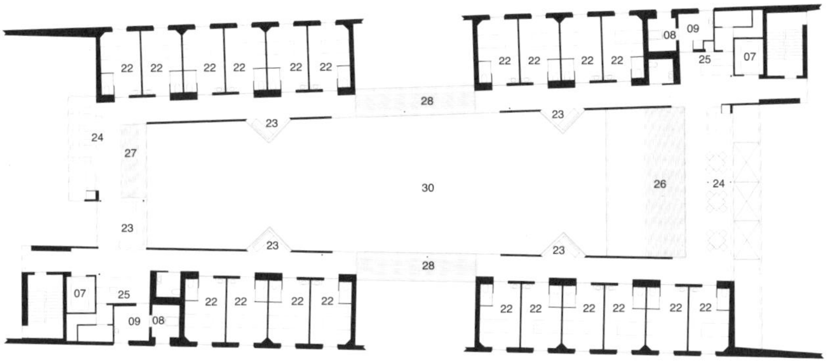

二层平面图

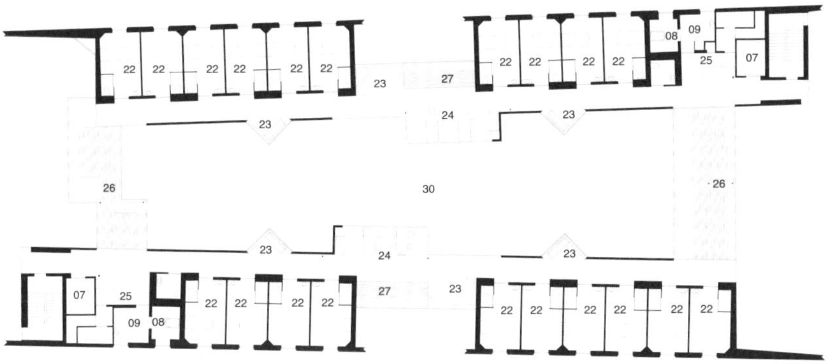

三层平面图

07. 电梯
08. 浴室
09. 更衣室
20. 垃圾区
21. 庭院
22. 卧室兼起居室
23. 娱乐室
24. 餐厅
25. 护理站
26. 露台
27. 阳台
28. 连接廊
29. 画廊
30. 中庭

建筑和周围的环境相辅相成，与自然景色融为一体

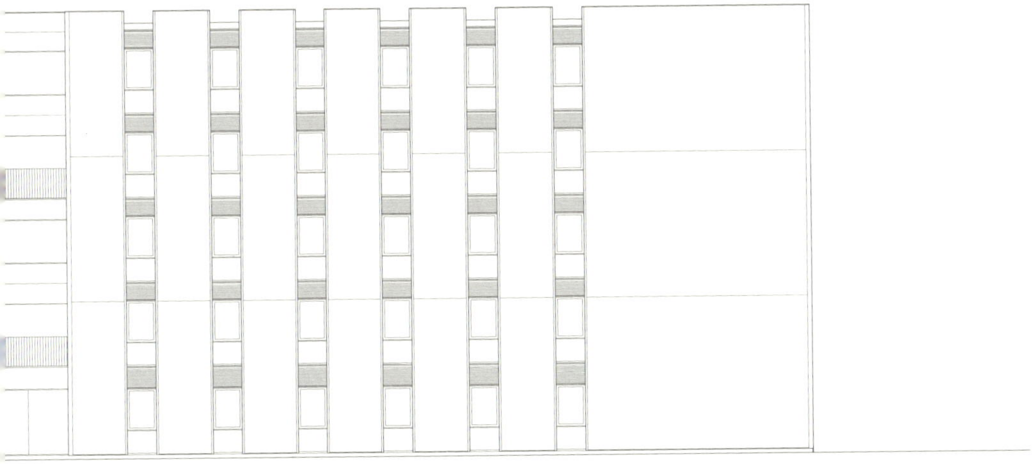

东立面图

背立面实景

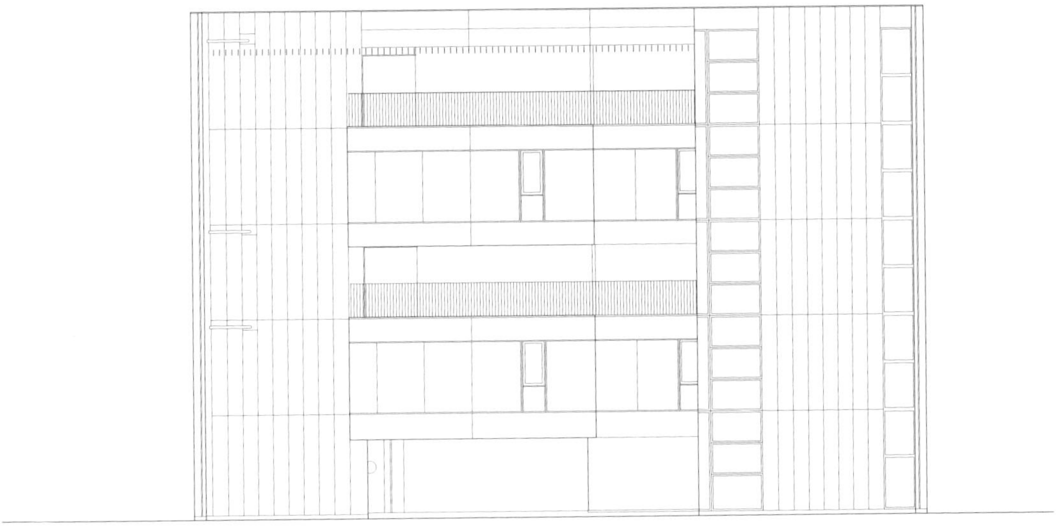

北立面图

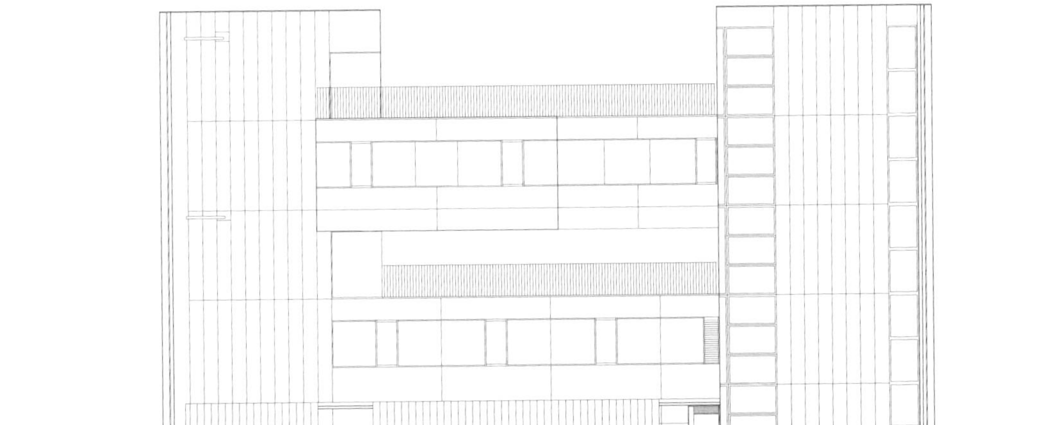

南立面图

养老院室内以木色为主，注重无障碍、适老性的设计

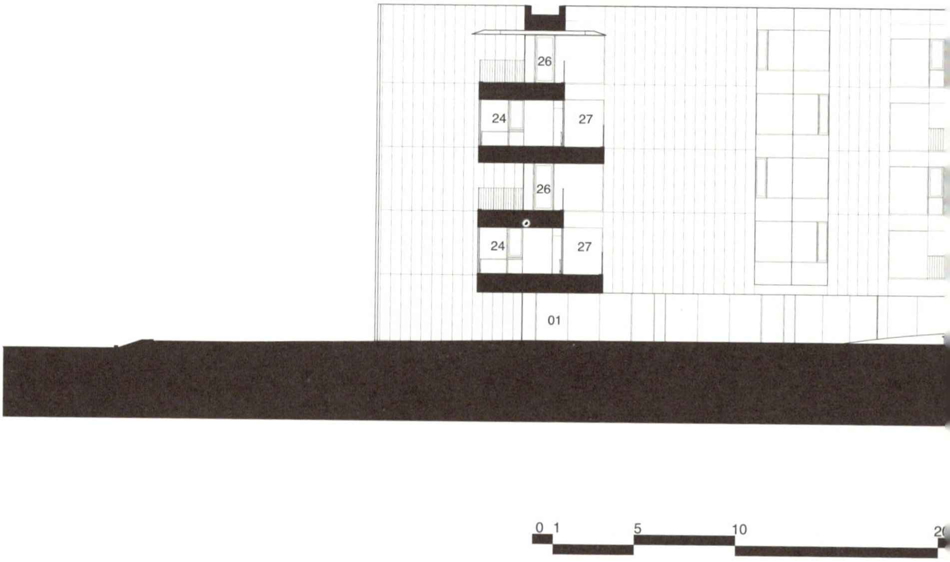

采用大量的玻璃幕墙的观景走廊，保证了良好的视野

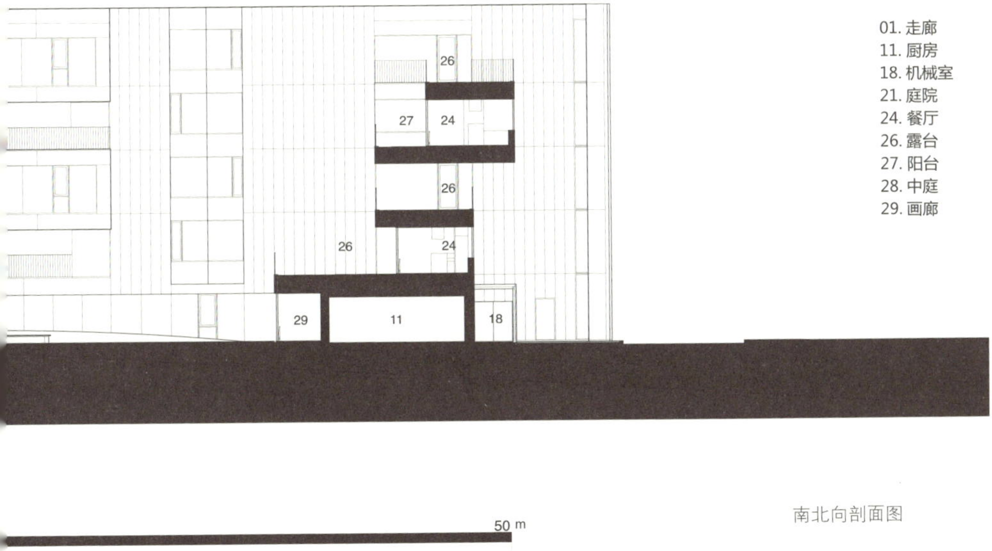

01. 走廊
11. 厨房
18. 机械室
21. 庭院
24. 餐厅
26. 露台
27. 阳台
28. 中庭
29. 画廊

南北向剖面图

养老院休闲区

环绕着花园的走廊和多功能房间共同组成了公共交流空间，可供居住者走动、居住、就餐、交流、做游戏或读书。他们会在欣赏花园景致之余享有一种富足感。另外，居民还可以在日常生活中与他人、护理人员和来访的家人和朋友进行交流。无论从内部还是外部，人们都可以透过落地玻璃幕墙欣赏到各种景色。同时，同住的居民、邻里、护工、家人和朋友的面孔也时常出现在前景之中。偶尔的目光相触、互道问候的声音和挥手致意的场面屡见不鲜。

为老年人创建一个充满生机的场所才是设计者的意愿所在，建筑内外充溢着动与静。在这里，人们可以沐浴着阳光和轻风，在此冥思遐想。即使独处室内，甚至躺在床上，也能透过落地窗感受到与外部世界的信息。自身和外界的生机以及两者的关联时刻提醒居民，他们并不孤独。这种景象才是建筑所竭力追求的最重要的目标。与日常生活的平庸相反，感受季节和天气的更替、太阳的位置、天空的云彩、不断变化的树木和田野，加之与他人的交流和互动，这一切会使老年人感受到生活是多姿多彩，变化莫测的世界赋予他们生活的希望。为居民创建一个充满生机的场所才是设计者的意愿所在。抛开建筑的外观，甚至人们稍纵即逝的惊叹和振奋感，这座卓越的建筑直接影响到人们的日常生活和记忆。它与周围的环境相辅相成，与自然景色和生活紧密相连。

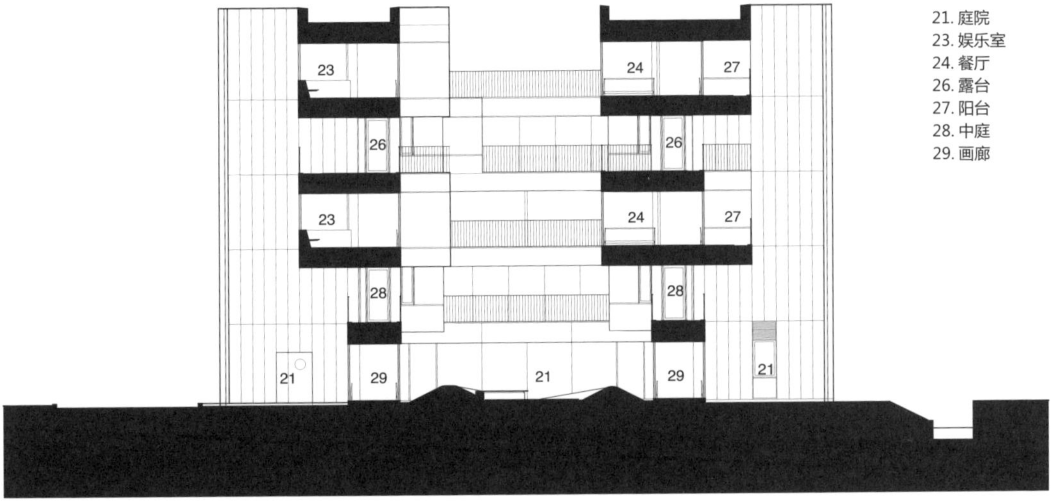

21. 庭院
23. 娱乐室
24. 餐厅
26. 露台
27. 阳台
28. 中庭
29. 画廊

东西向剖面图

3.7

中国河北香河大爱书院养老中心

项目名称：大爱城养老中心
项目策划：赛阳国际
项目地点：中国，河北省，廊坊市
客　　户：香河爱晚投资有限公司
建筑面积：42 715.9 m^2
竣工时间：2016 年
摄　　影：赛阳国际、金锋哲

大爱书院养老中心（香河爱晚国家养老示范基地）位于京沈高速公路 46 km 香河二出口处，在河北省廊坊市香河县渠口镇管辖区内，为河北省重点工程，面向中高端消费群体；为国家级社会化养老示范园区。

由香河爱晚投资有限公司倾力建设并经营的香河爱晚国家养老示范基地，规划总建设面积 3 000 亩，分区分阶段逐步实施，目前一期已经开工。该项目将建设成为集“医疗、保健、康复、教育、培训、国际合作”于一体，具有现代化和可持续发展、凸显社会经济效益和示范作用的养老社区。

养老中心夜景

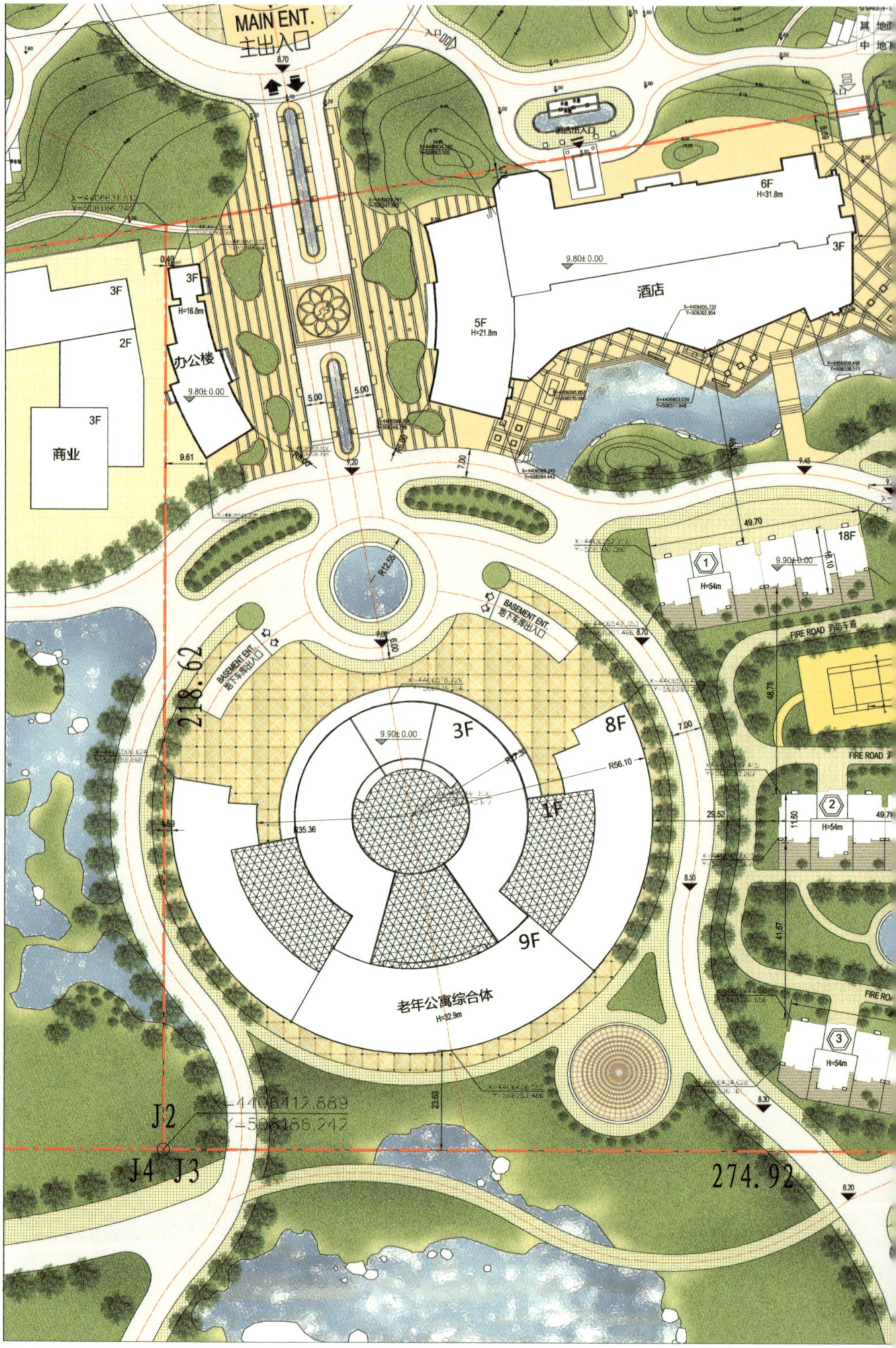
MAIN ENT.
主出入口
3F
2F
3F
商业
3F
H=16.8m
办公楼
9.80±0.00
9.61
5.00
5.00
6F
H=31.8m
9.80±0.00
3F
酒店
5F
H=21.8m
R12.55
BASEMENT ENT.
地下车库出入口
BASEMENT ENT.
地下车库出入口
218.62
18F
9.90±0.00
H=54m
49.70
FIRE ROAD 消防车道
3F
8F
9.90±0.00
R56.10
1F
7.00
35.36
29.52
H=54m
FIRE ROAD
9F
老年公寓综合体
H=32.9m
FIRE ROA
H=54m
23.63
J2
X=4406112.889
Y=508186.242
J4
J3
274.92

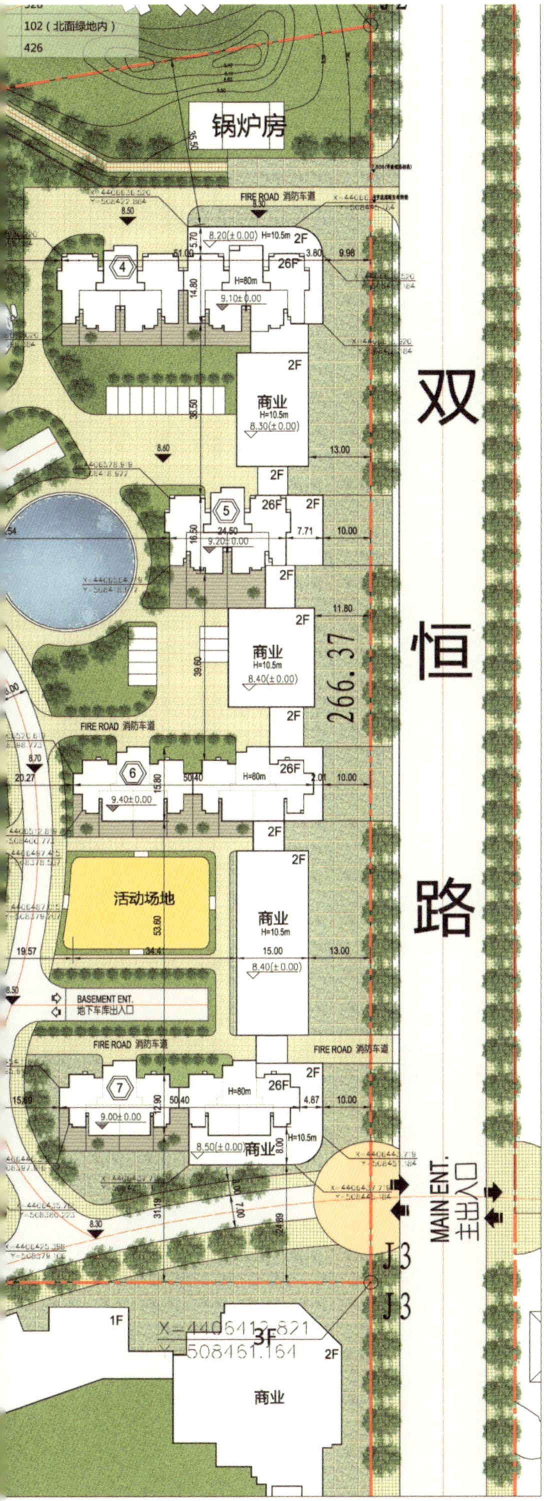

大爱书院养老中心建筑概况

养老中心分为两大功能区：会所区域和公寓区域，共14层（地上12层，地下两层）。

地下1层的功能分布为健身房、SPA用房、泳池、地下车库及设备用房；地下二层为泳池设备用房。

1层的功能分布为会所大堂、多功能厅、医务室、办公超市、公寓大堂及公寓居室；

2层的功能分布为多功能活动室、棋牌室、书画阅览室、设备用房及公寓居室。

3层的功能分布为餐厅、厨房及公寓居室。

4~11层为公寓居室，公寓居室总套数为342套（7种户型）。

总平面图

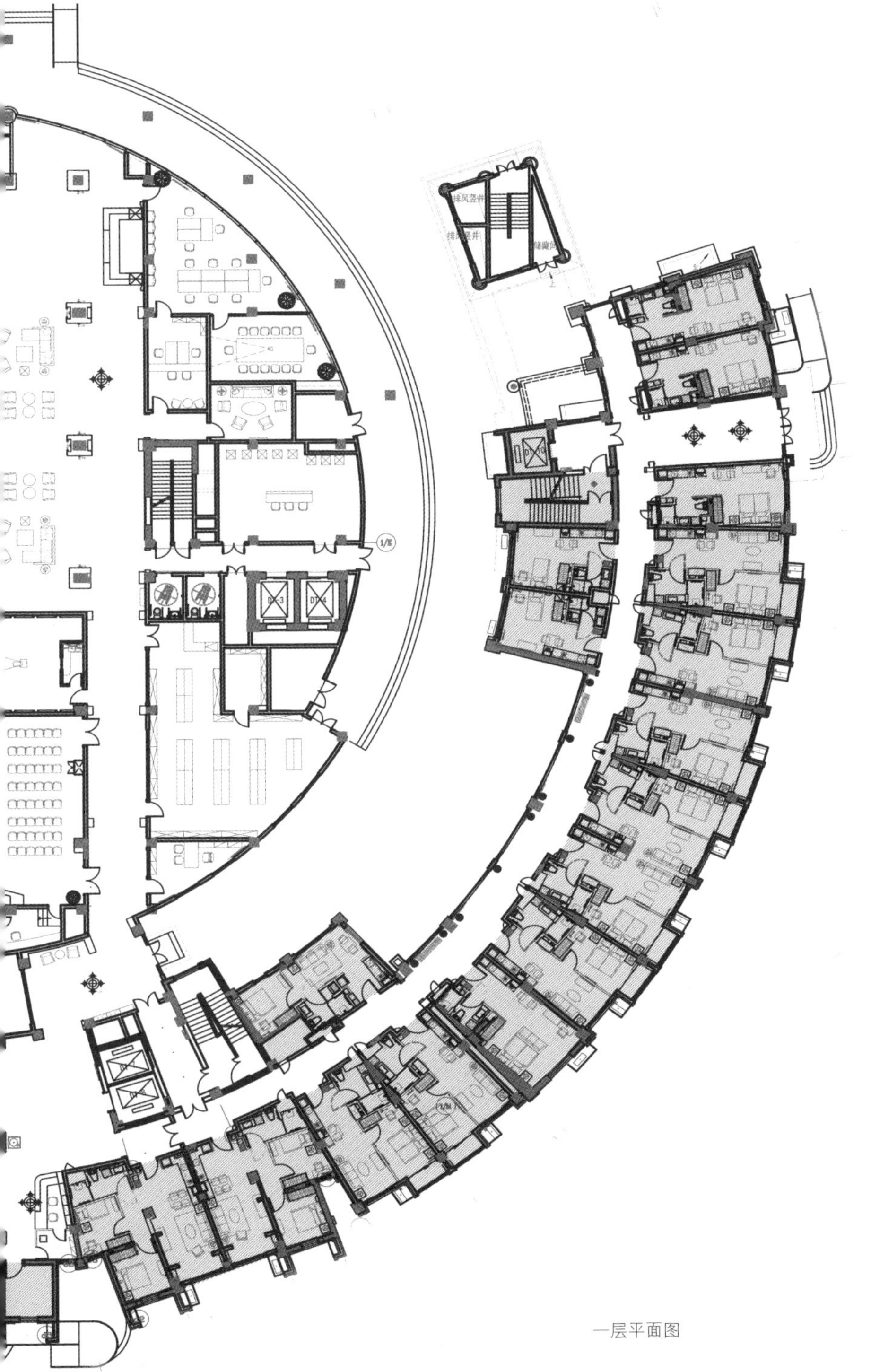

一层平面图

居住区沿湖外观

入口前广场

外观 1

外观 2

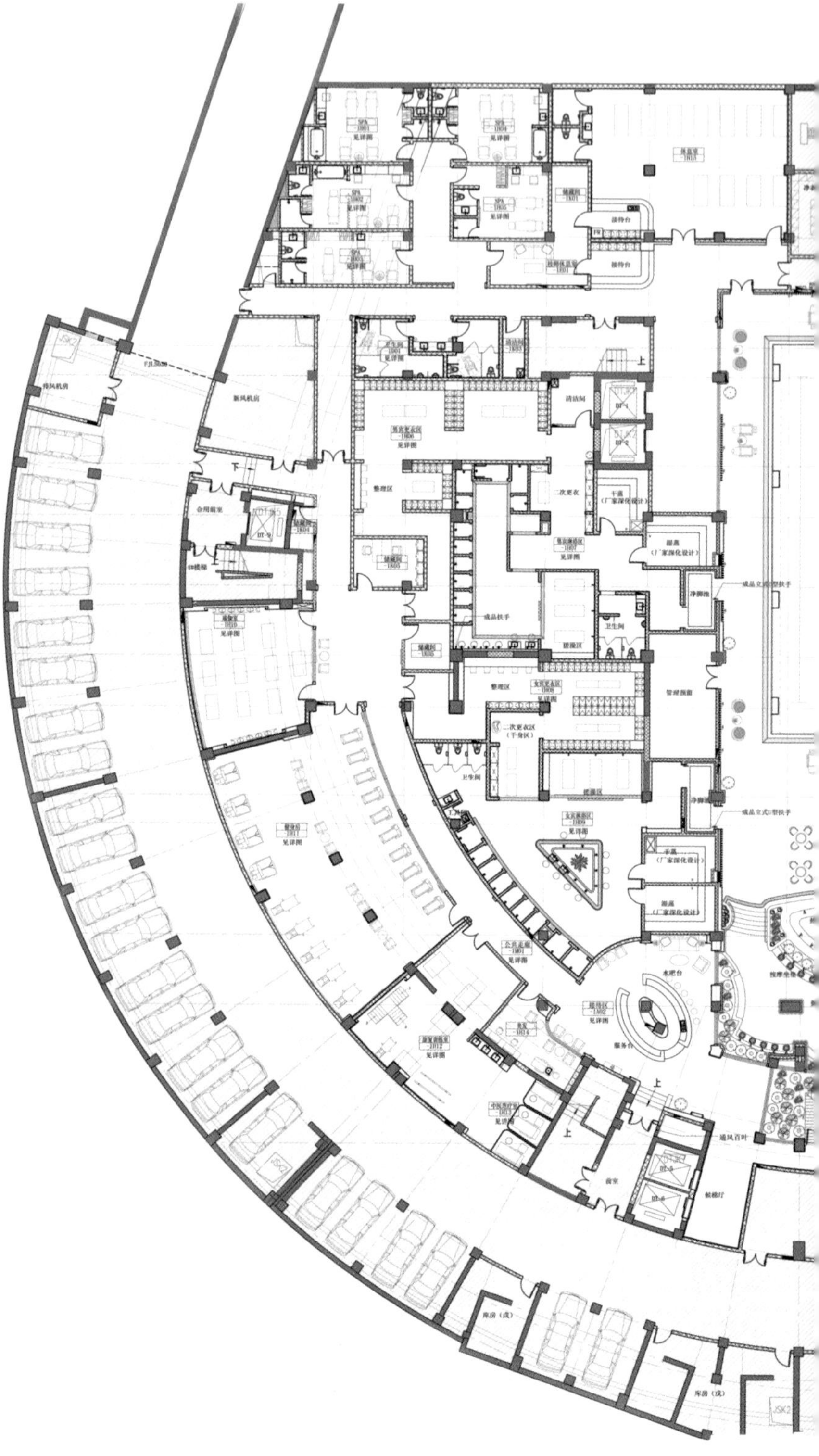

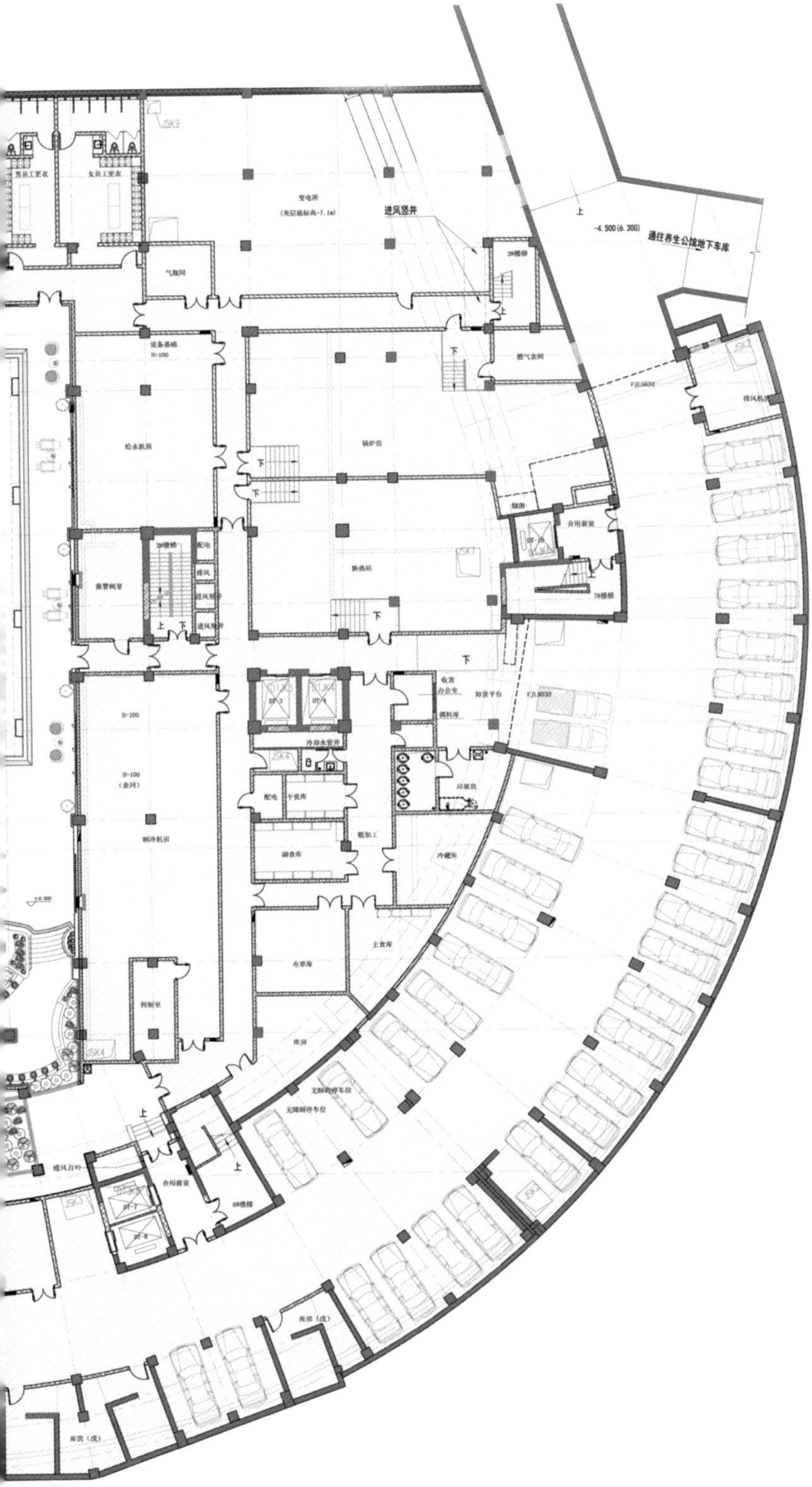

地下一层平面图

会所一层大堂实景

会所一层大堂

墙面大面积以质感涂料为主，局部为胡桃木护墙板饰面。柱子采用阿曼米黄石材内设灯带。地面中间用仿木地板瓷砖，周围用阿曼米黄，表面做结晶处理。中间设置 LED 大屏幕。

会所一层多功能厅

会所一层多功能厅

墙面以米黄色壁纸为主，局部浅咖啡色壁纸为辅，以橡木饰面框边；地面为强化复合木地板铺装；端部设有舞台。

地下一层接待区

地下一层接待区

墙面主要采用肌理漆，接待台背景墙柱采用橡木色水泥木丝板；地面为米黄色和咖啡色 PVC 地板材料拼贴铺装。

地下一层游泳区

地下一层泳区

墙面以石材为主，局部采用木色铝格栅做装饰贴面；地面采用 600 mm×600 mm 石材铺装，表面做酸洗处理。

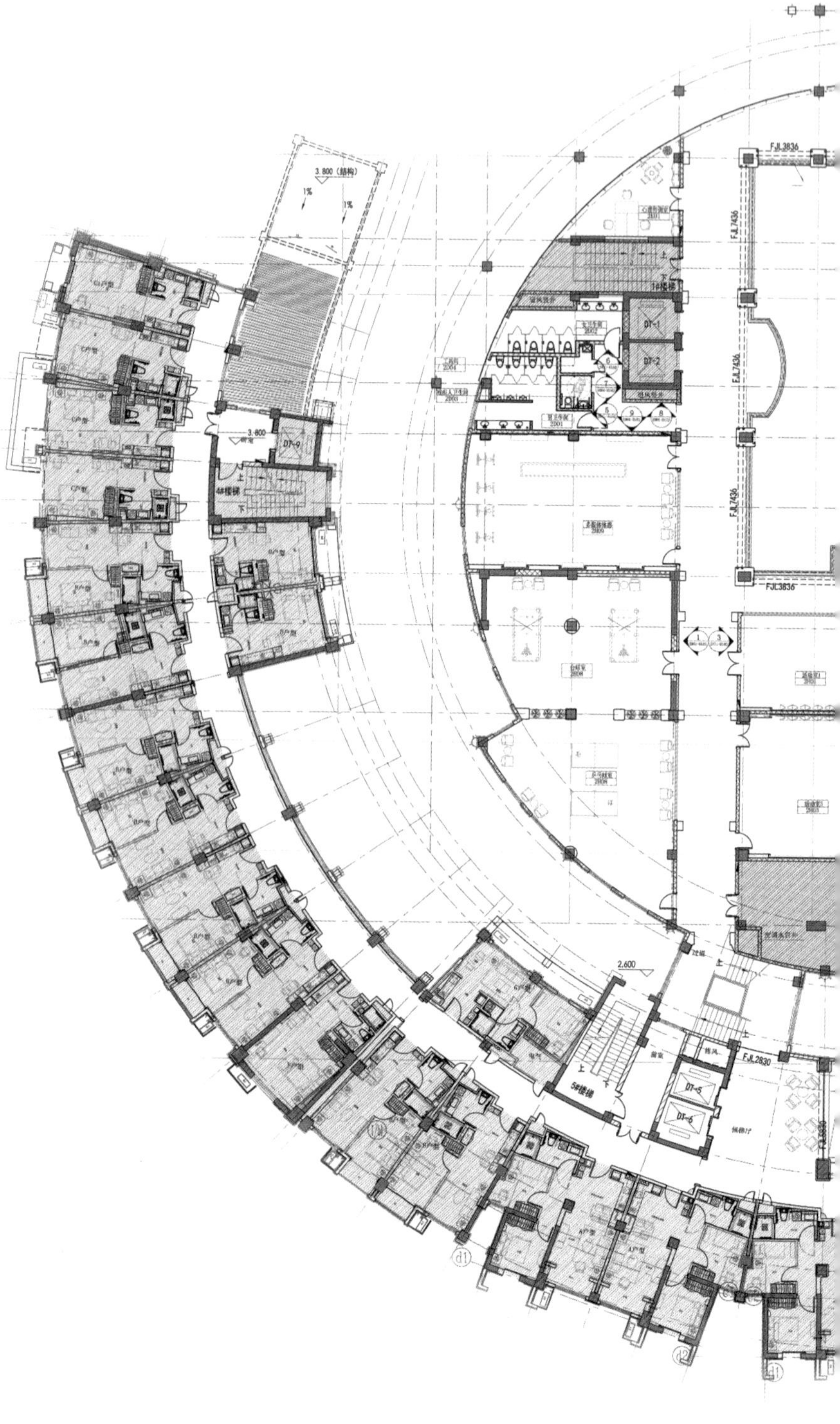
3.800（结构）
1%
1%
3.800
DT-9
4#楼梯
DT-1
DT-2
1#楼梯
DT-5
DT-6
5#楼梯
2.600
FJL3836
FJL7436
FJL2830

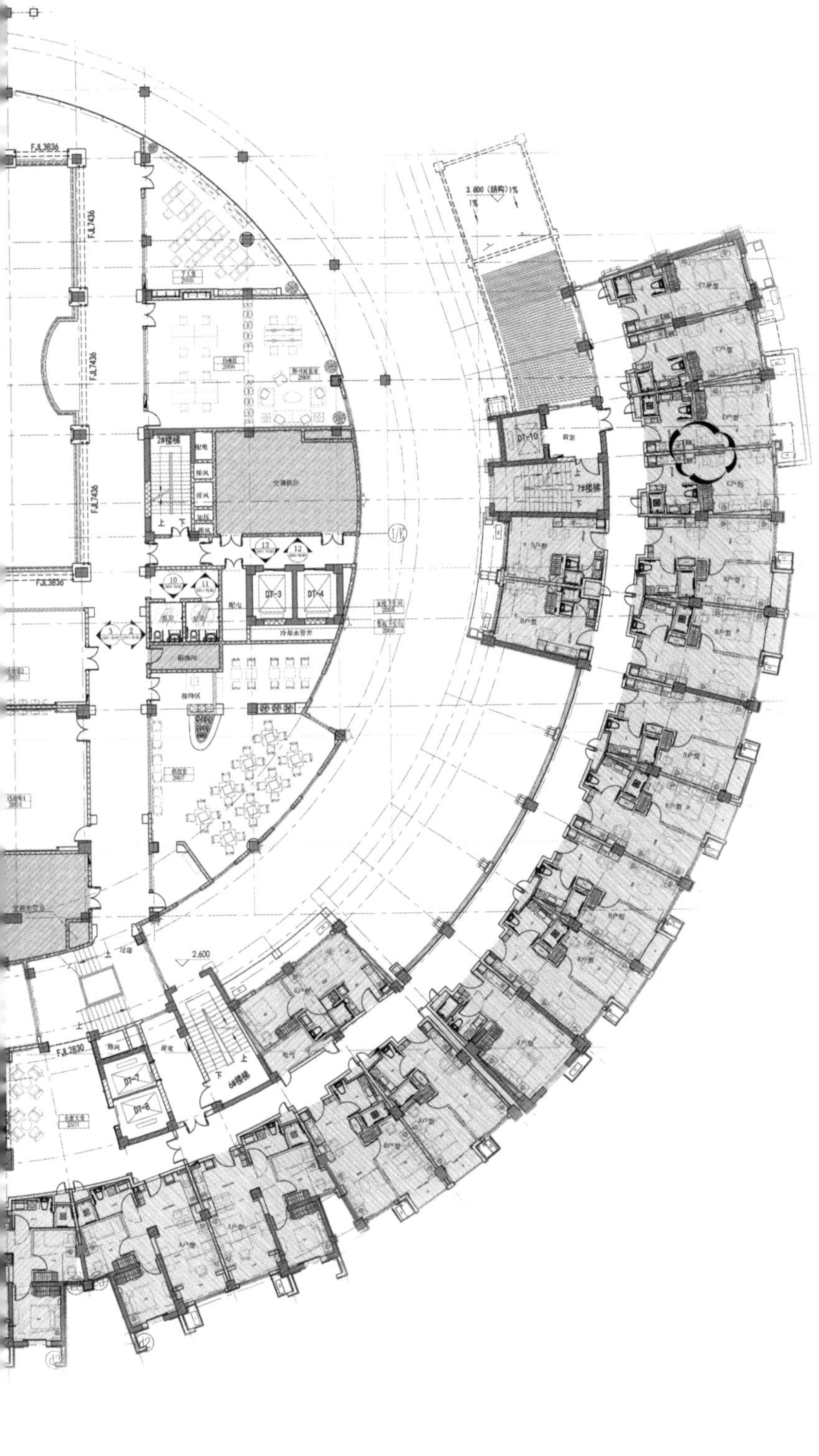
FJL3836
FJL7436
FJL7436
FJL7436
FJL3836
2#楼梯
DT-3
DT-4
冷却水管井
DT-10
7#楼梯
3.800（结构）1%
2.600
FJL2830
DT-7
DT-8
6#楼梯

二层总平面图

会所二层棋牌室

会所二层阅览室

会所二层阅览室

墙面以质感涂料为主；地面为米黄色和咖啡色 PVC 地板材料拼贴铺装。

会所二层手工室

墙面以质感涂料为主，局部墙面做橡木饰面展示柜；地面为米黄色和咖啡色 PVC 地材拼贴铺装；橡木饰面窗套。

会所二层手工室

会所二层棋牌室

会所二层音乐教室

活动教室

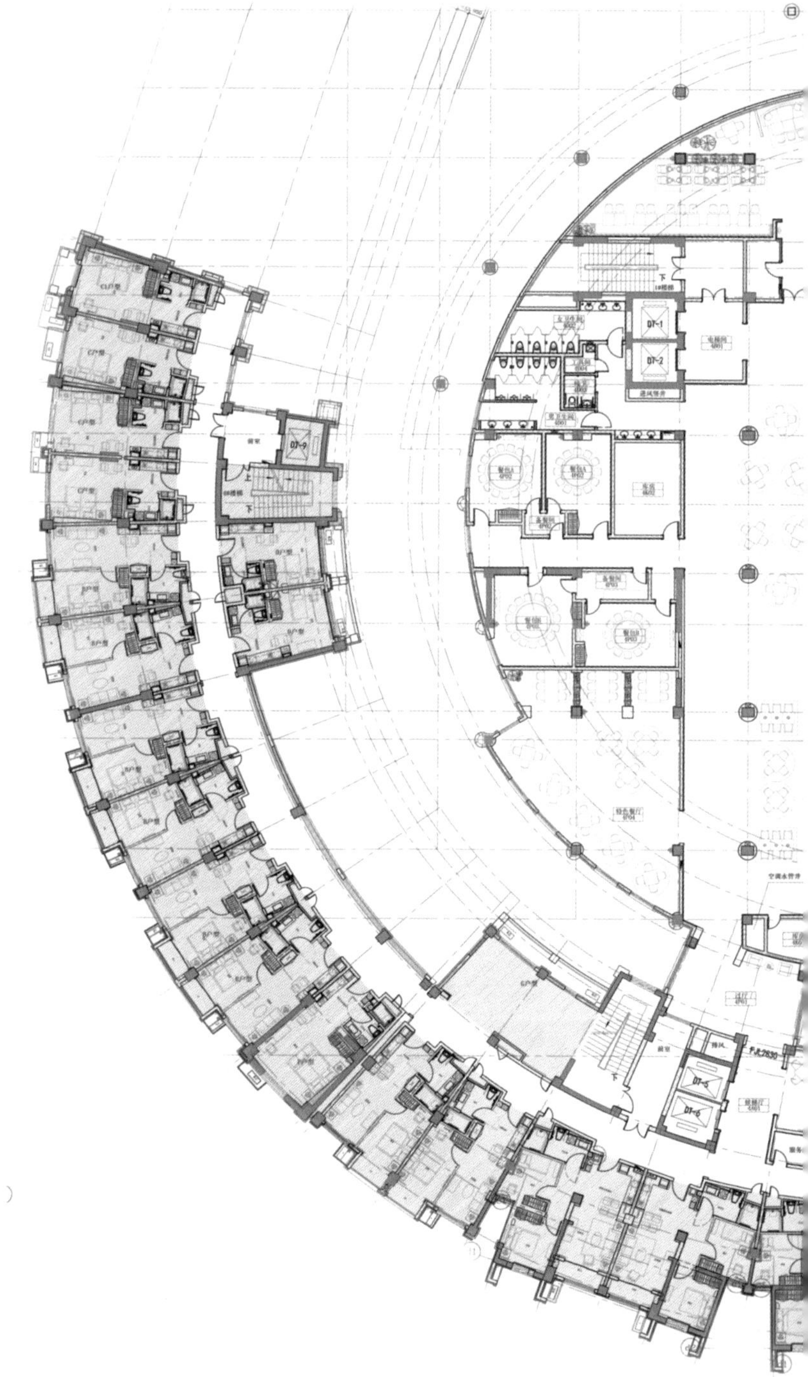

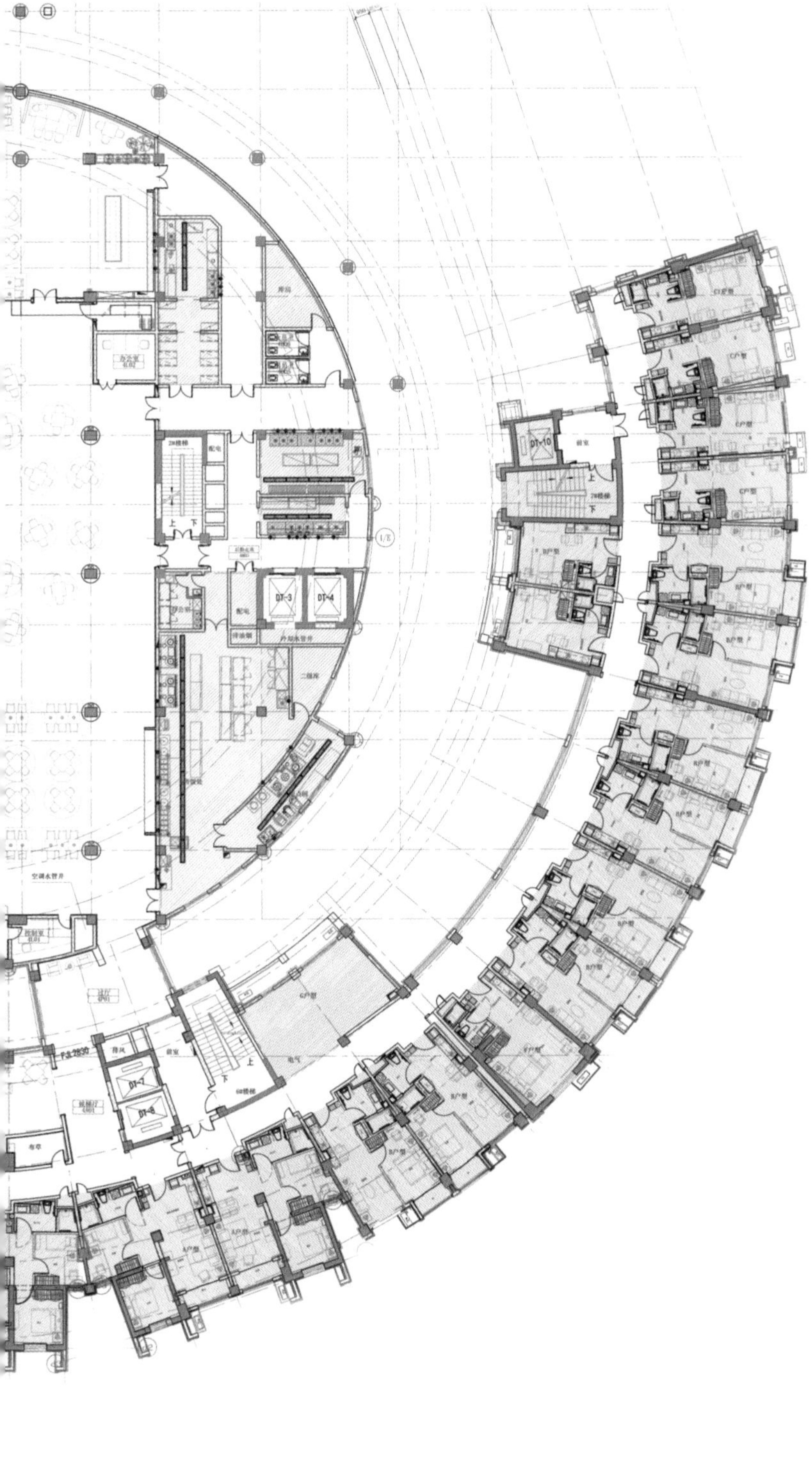

三层总平面图

会所三层多功能餐厅

墙面以质感涂料为主，以橡木饰面框边；地面为米黄色和咖啡色 PVC 地面材料拼贴铺装；柱子采用橡木挂板饰面；端头设有舞台，中间设有采光顶。

会所三层多功能厅

三、四层公共活动区 1

公寓三、四层公共活动区

墙面以质感涂料为主，以橡木饰面框边，墙面设有扶手；地面为米黄色和咖啡色 PVC 地面材料拼贴铺装。

三、四层公共活动区 2

公寓走廊 1

公寓走廊

公寓走廊奇数层墙面以浅咖啡色涂料为主，入户门墙面为深咖啡色涂料；偶数层墙面以淡绿色涂料为主，入户门墙面为深绿色涂料，墙面设有扶手；地面为米黄色和咖啡色 PVC 地板材料拼贴铺装。

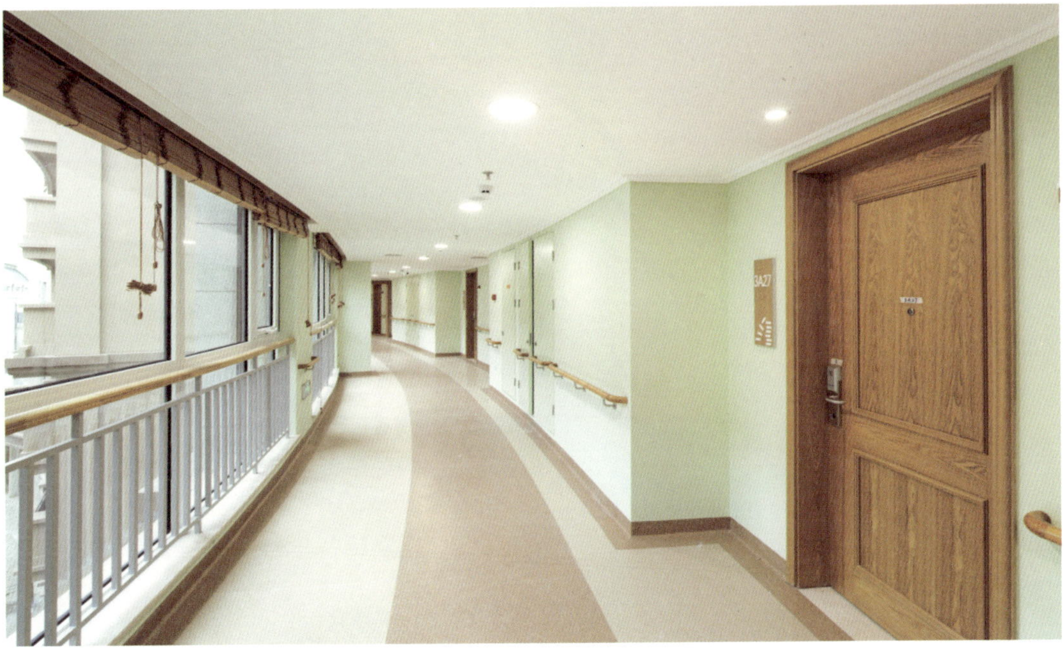

公寓走廊 2

三层特色餐厅

二层空间

公寓居室 1

公寓居室 2

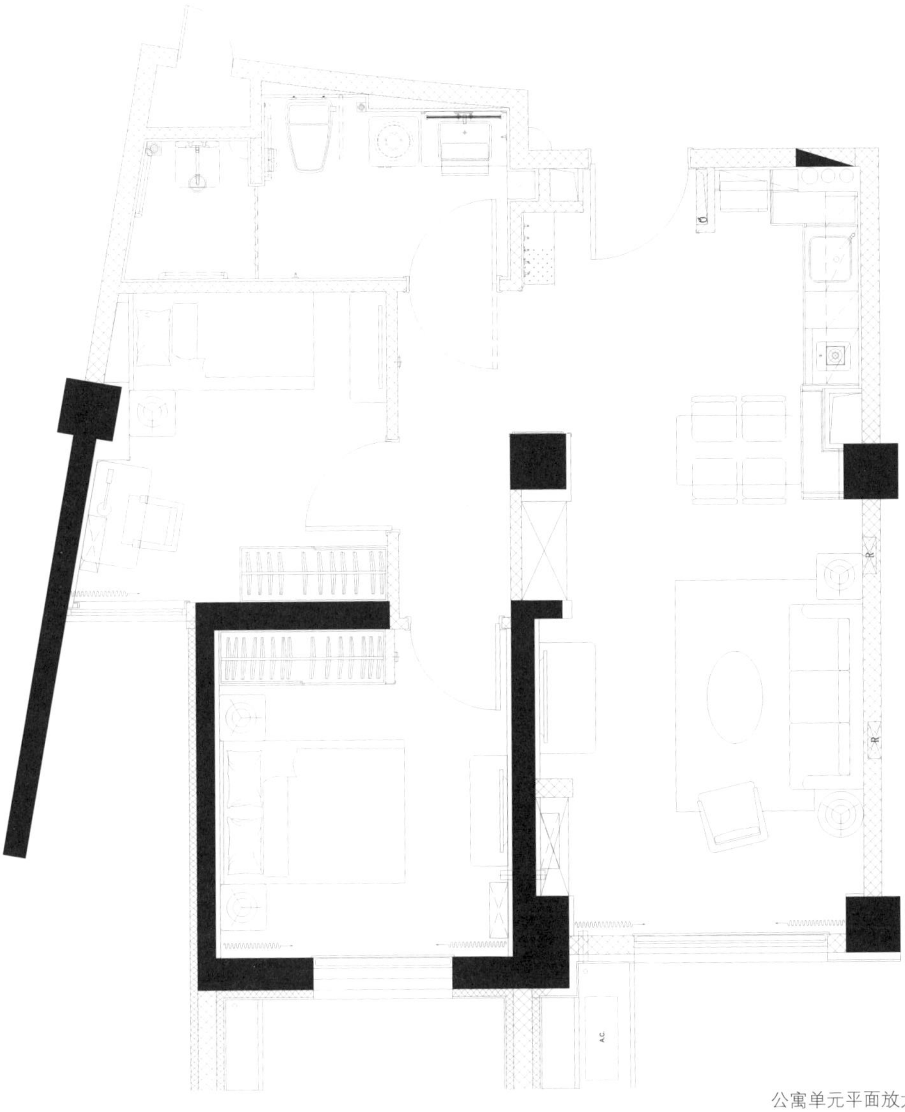

公寓单元平面放大图 1

室内设计理念

采用美式风格，以绿色健康为本，从装饰材料、家居配饰、设备设施等相关领域，全方位营造适合老年人居住生活的环境。

空间的设计和组织达到合理分区，层次丰富多样，标志清楚明了，力求为老年人扩展更舒适、更温馨的文化娱乐休闲空间，让老年人在这里感受到最全面的关爱，让老年人的生理需求、心理需求、社会需求得到全方位的满足。以老年人的生活习惯、心理需求及身体条件为基础，利用现代化设施设备及无微不至的贴心服务，辅助老年人自立、互助、有尊严的生活，让老年人的晚年生活真正达到老有所依、老有所养、老有所乐。

公寓居室 3

公寓居室 4

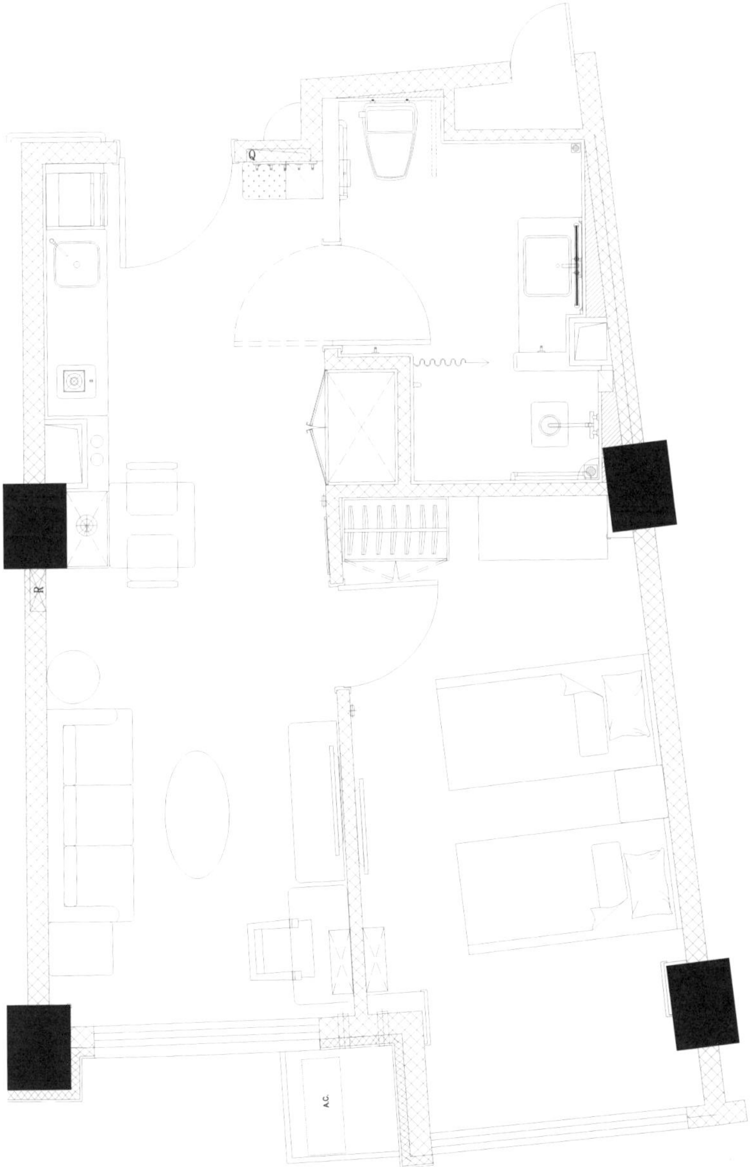

公寓单元平面放大图 2

公寓居室

客厅和餐厅墙面以墙纸为主；客厅地面为强化复合木地板铺装，餐厅地面为防滑玻化砖铺装；卧室墙面以墙纸为主；地面为强化复合木地板铺装。

4
小规模多样化生活支援型养老项目案例

这类养老项目常常是社区养老活动中心、日间照料中心、托老所等形式，其项目特点是规模小，提供以派遣、咨询、日间照料、短期入住为主的多样化服务，为选择居家养老的老年人提供生活支援，使其既能以原有的家庭为中心，又能享受舒适、安全、方便的养老服务。

4.1

西班牙巴塞罗那老年日托中心

项目名称：DAY CENTRE FOR THE ELDERLY IN HORTA-GUINARDÓ, BARCELONA
项目设计：BCQ arquitectura barcelona
项目地点：西班牙，巴塞罗那
客　　户：Barcelona Town Council - Horta-Guinardó District Council
建筑面积：970.94 m²
层　　数：3 层
竣工时间：2005 年
摄　　影：CARLOS CLIMENT

本项目的主要目标是为老年人建造一栋舒适宜人的建筑，因此，所采用的建筑装饰材料都是人们所熟知的，比如瓷砖和木制品，这类材料的运用令人感觉温暖、舒适，营造出了一种家一般的放松氛围。

本项目所在地距离 Príncep de Girona 公园很近，居住者可以随时在公园内或周边景观区域内活动，其建筑语言、建造材料和建筑功能都与公园相协调，被设计成公园里的一个标志性建筑。

建筑立面以木质材料为主，营造温暖舒适之感

项目整个一层是开敞式的，一条走廊连接各个功能区。而建筑本身也作为一个从大街进入公园的新入口。公园里设有一个铺设着木板的游憩场，将从建筑内开辟一个新的入口。平瓦铺成的屋顶向小立面的方向倾斜与地面相接，营造出一种大门的视觉感。相对较长的立面上安装了观景窗和木质框架，呼应着公园的木质铺装和公共设施的主题。

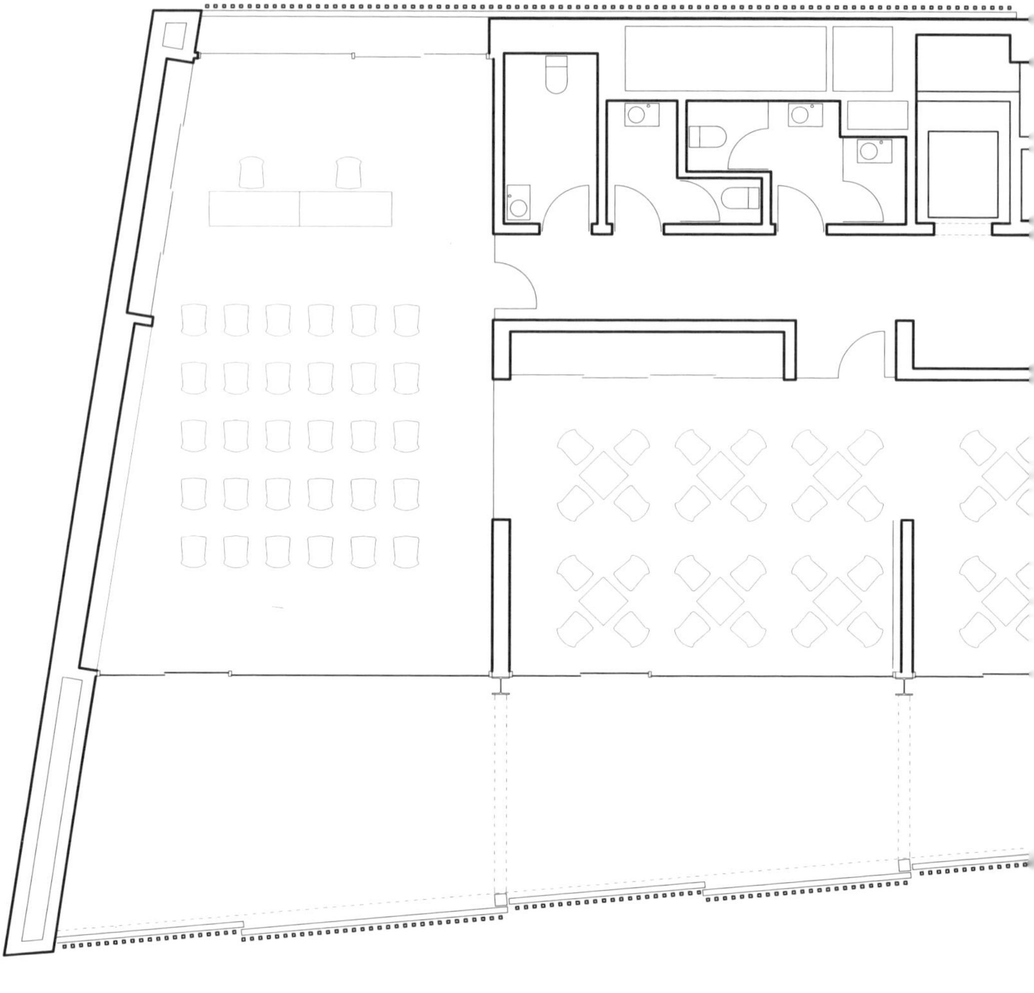

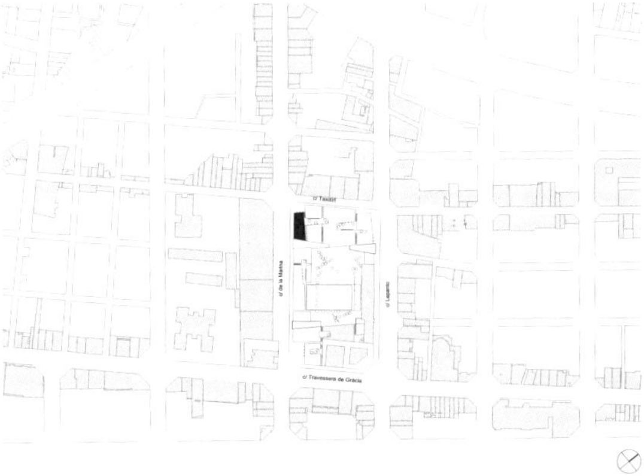

区位图

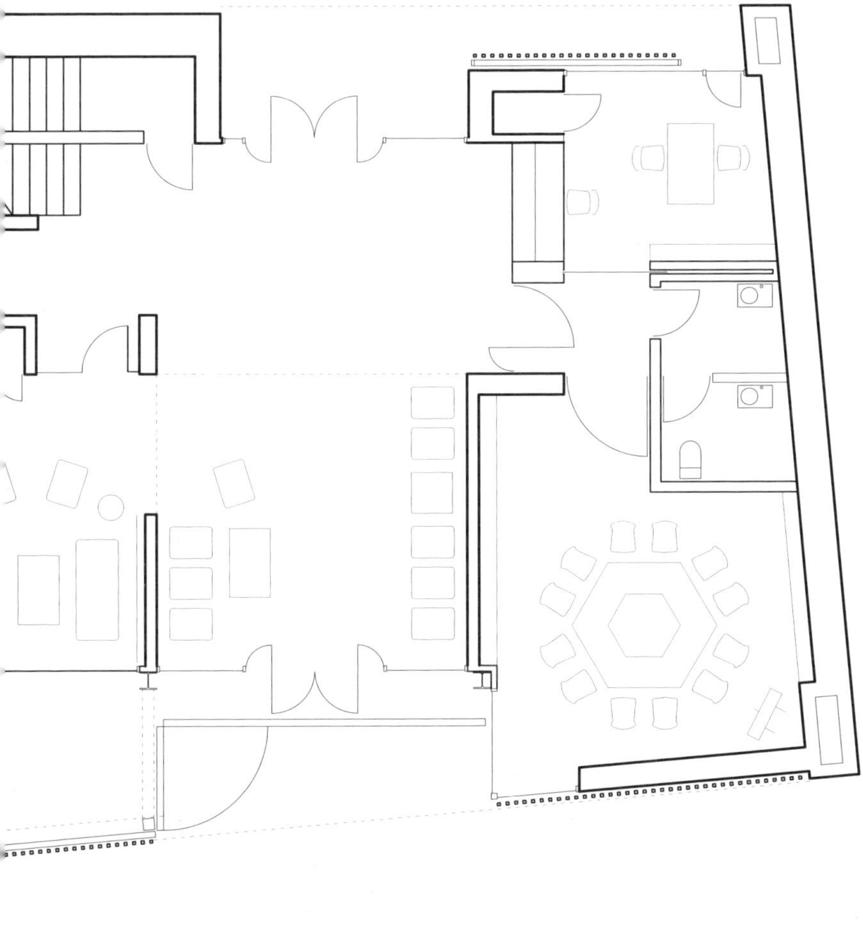

一层平面图

日托中心作为标志建筑与公园相互融合

木质框架与长椅，在阳光的衬托下营造出具有亲和力的休息环境

以木质为主的立面与倾斜的屋顶营造出强烈的视觉效果

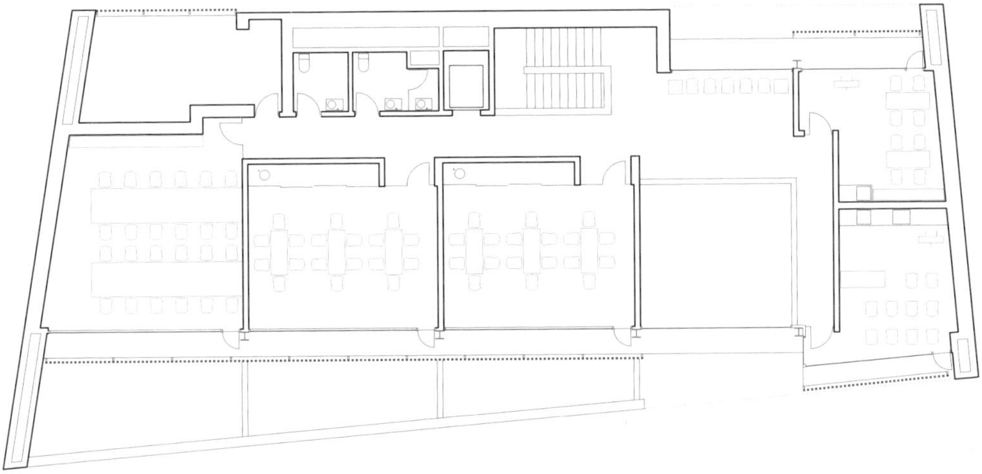

二层平面图

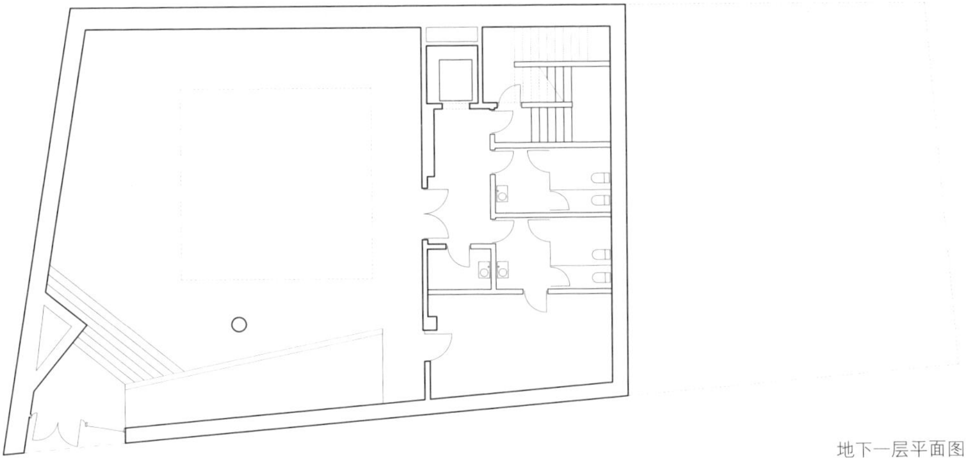

地下一层平面图

可持续发展标准

建筑的西南侧安装了加厚的遮阳板，而东北方的遮阳板则要薄一些。本项目采用的所有建筑材料都是可降解或者可回收再利用的，其建造和拆除都不会对周边环境产生影响。除此之外，节能系统也主要集中在建筑立面的朝向、对流通风及有效的外墙保温体系设计上。

建筑本身也作为一个从大街进入公园的新入口

夜景

外立面铺装

使用去色、高压处理过的松木板条装饰正立面；用手工制造的尺寸为 30 cm x 10 cm x 2 cm 和 30 cm x 10 cm x 4 cm 的两种瓷砖铺装顶面；用特别加厚的、尺寸为 30 cm x 15 cm x 4 cm 的手工瓷砖铺装侧立面。

从某种程度上看，我们是用材料来“装扮”这个建筑。这些材料，不管是瓷砖还是松木板条，都保持着淳朴的原生质感，以这些材质铺装的建筑，其纹理和材质更易于被老年人认知并欣赏。

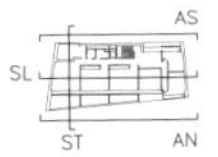

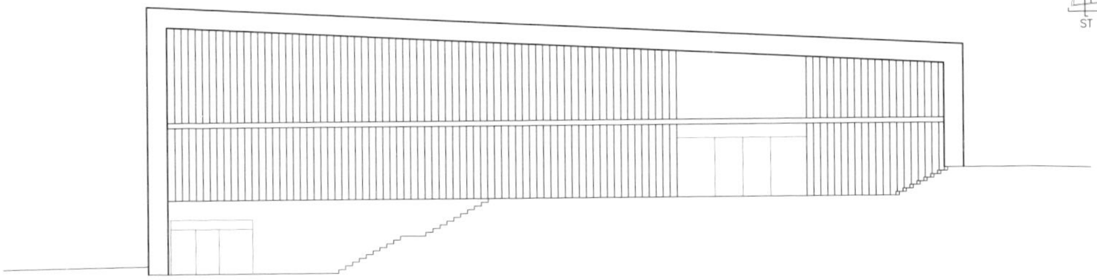

南立面图

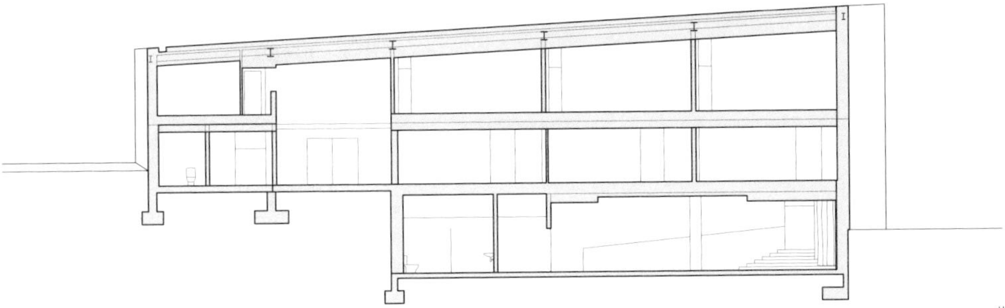

北立面图

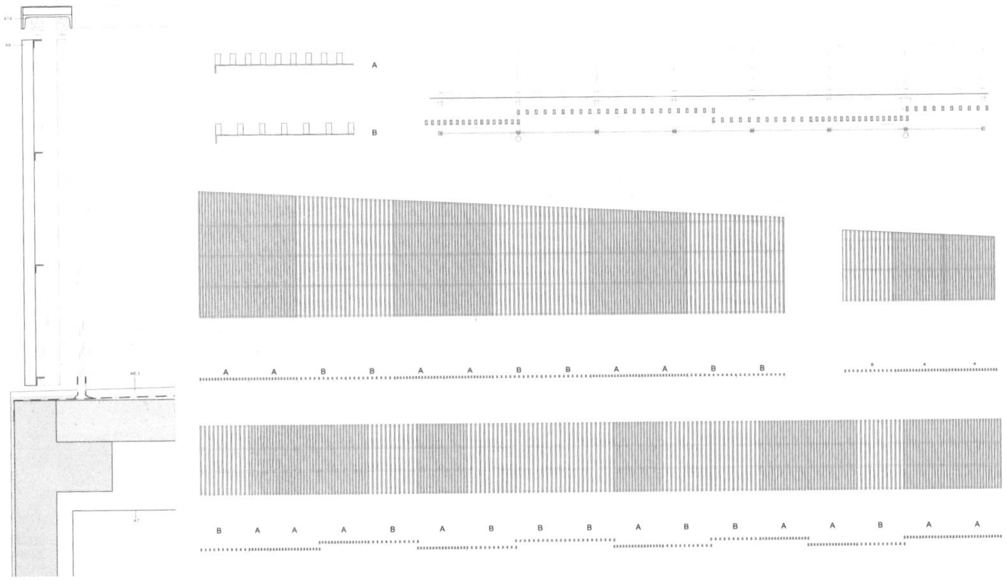

立面做法详图

松木板条的纹理和材质更易于被老年人认知并欣赏

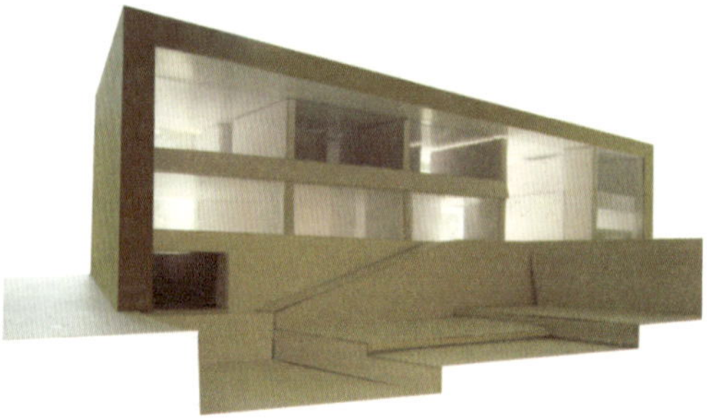

模型

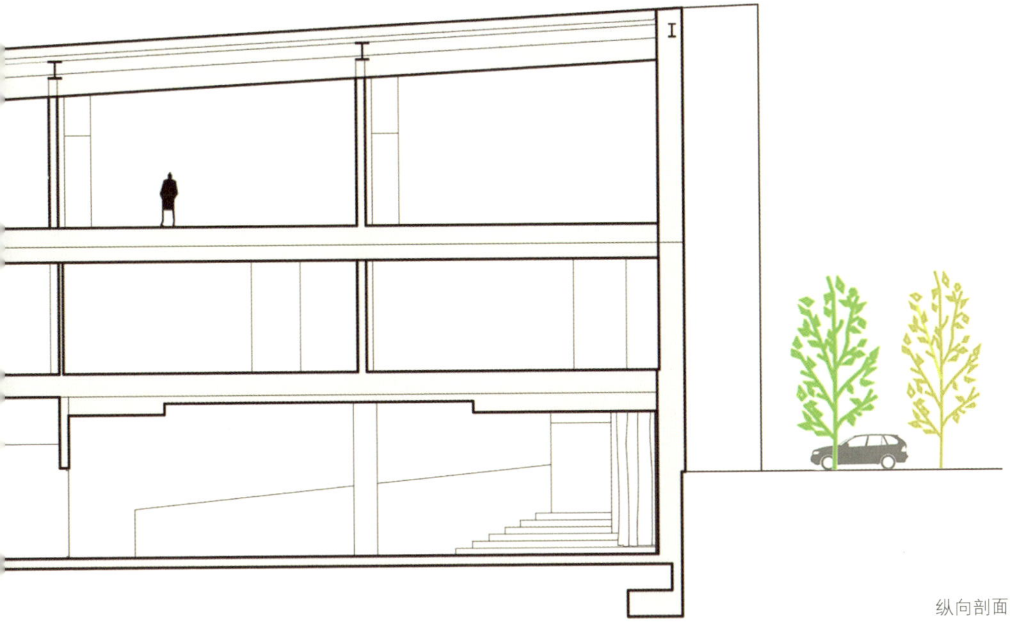

纵向剖面图

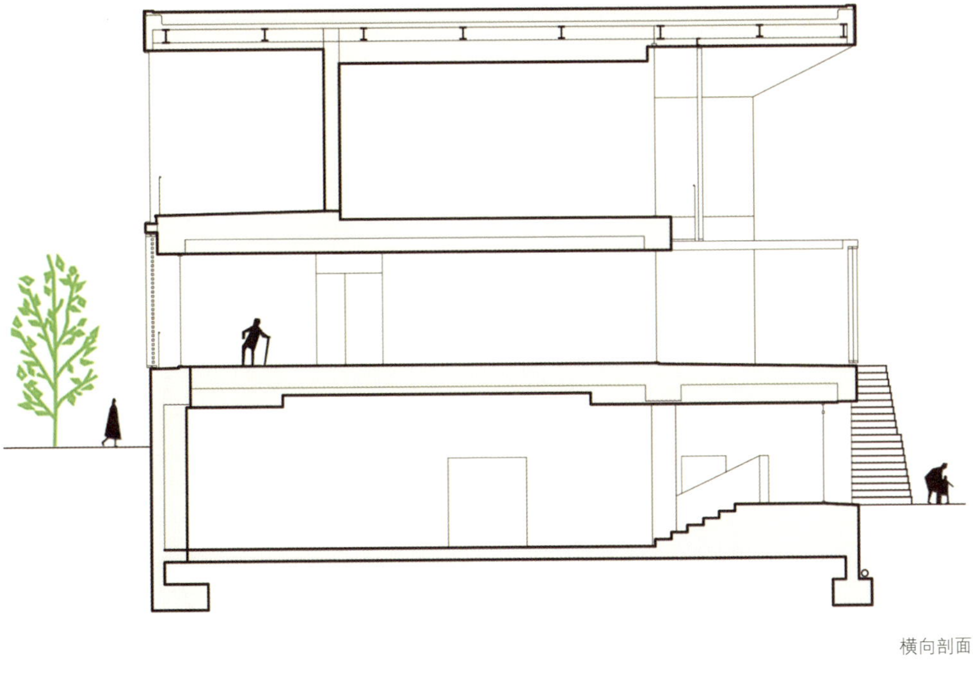

横向剖面图

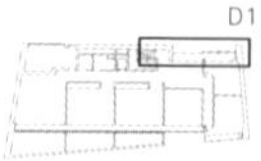

D1

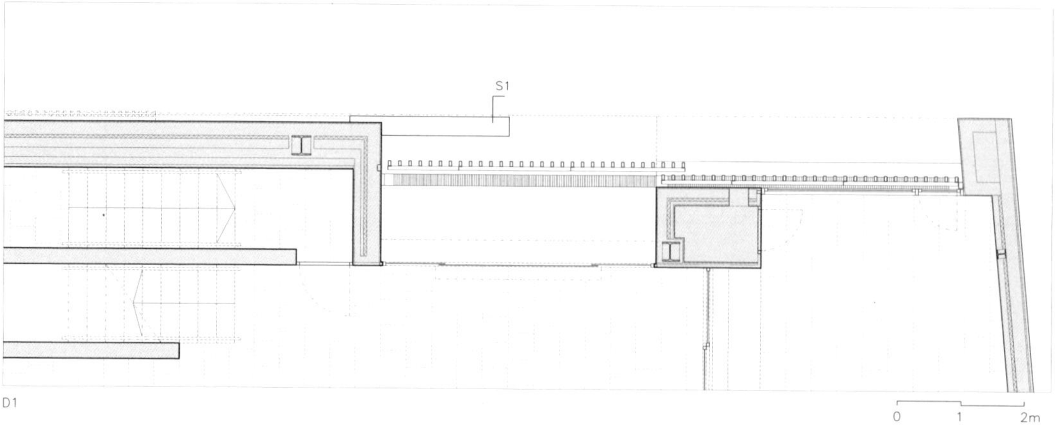

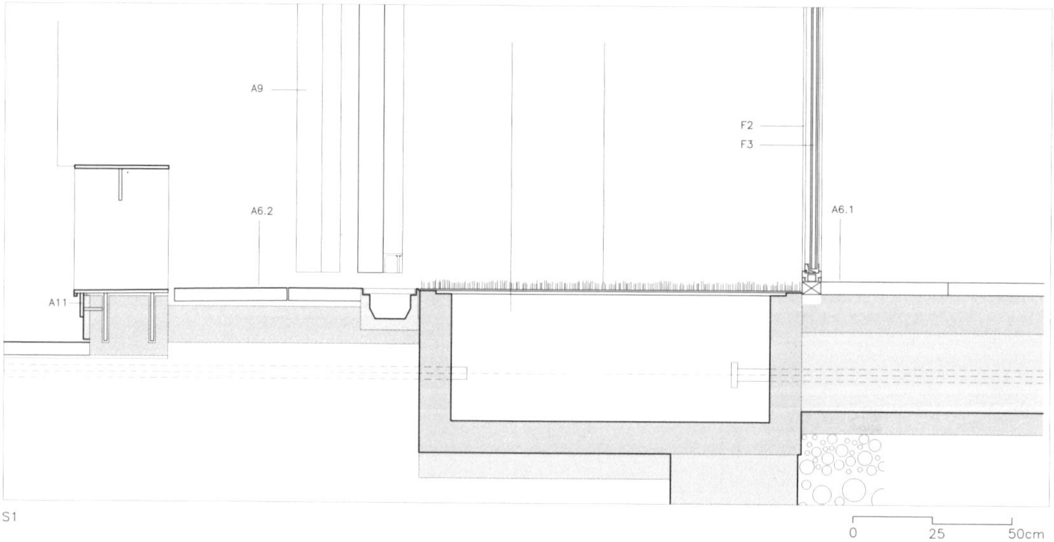

S1

入口细节做法详图

外立面瓷砖的运用

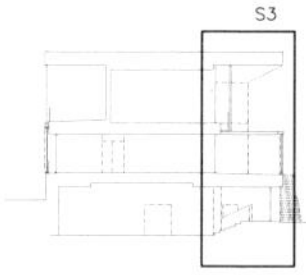

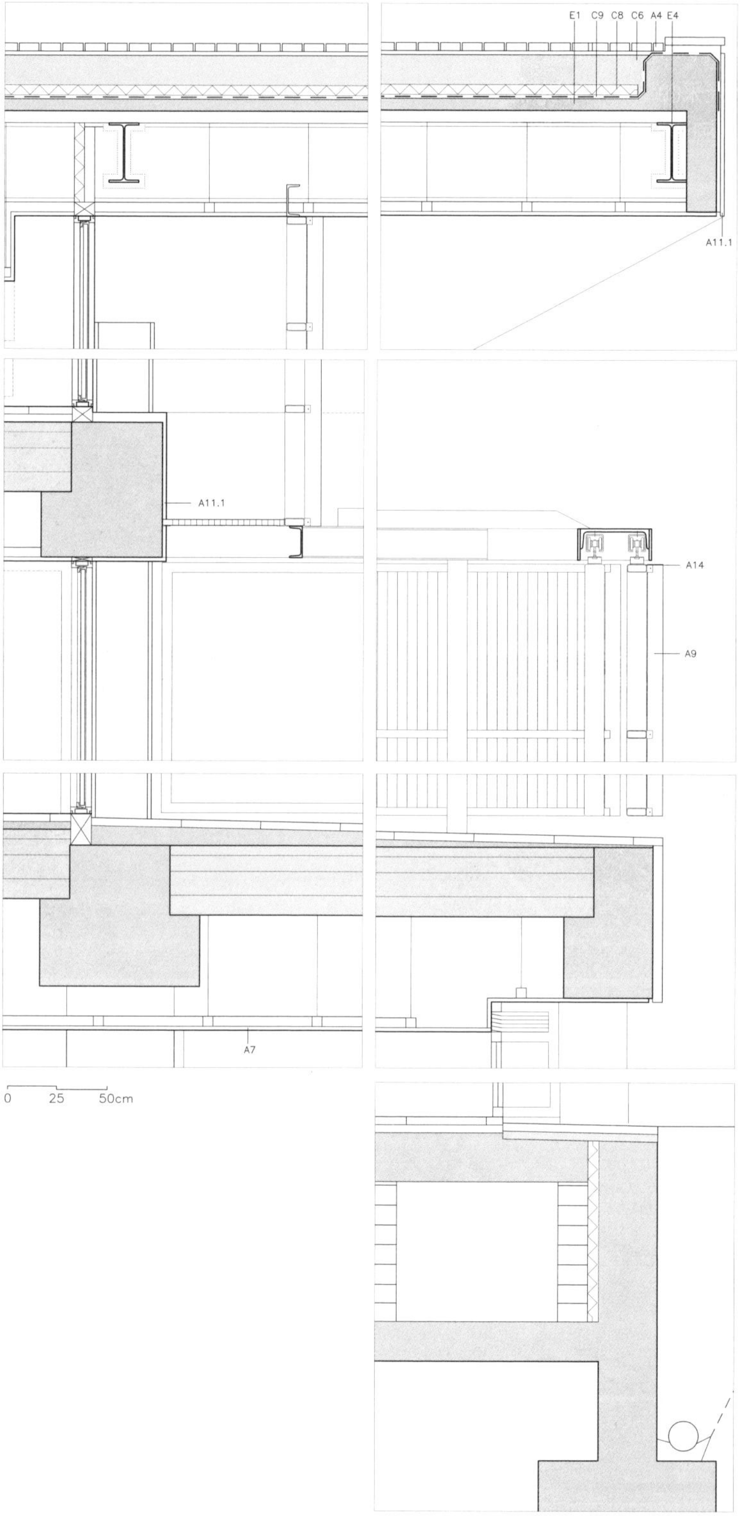

墙体做法详图 1

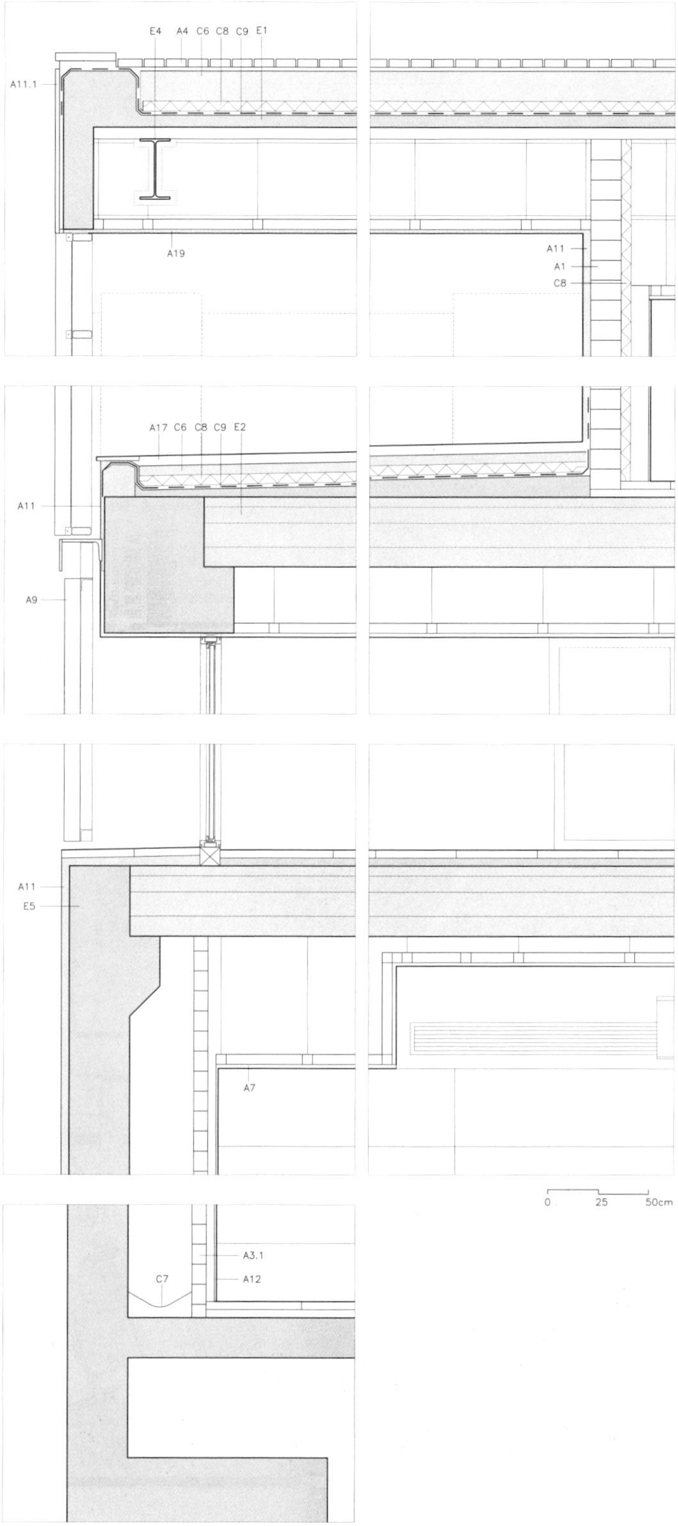
E4
A4
C6
C8
C9
E1
A11.1
A19
A11
A1
C8
A17
C6
C8
C9
E2
A11
A9
A11
E5
A7
A3.1
A12
C7
0
25
50cm

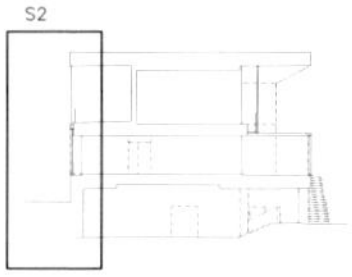
S2

墙体做法详图 2

观景窗和木质框架，呼应着公园的木质铺装

室内休息区

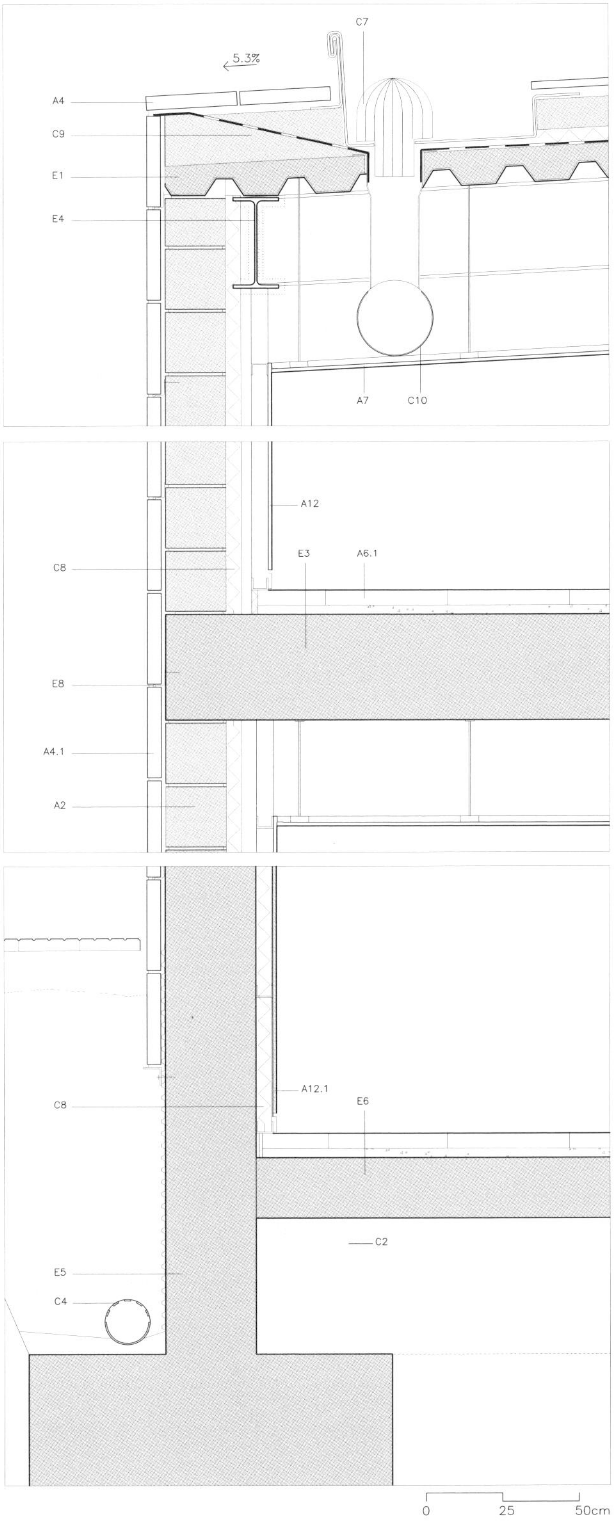
C7
5.3%
A4
C9
E1
E4
A7
C10
A12
E3
A6.1
C8
E8
A4.1
A2
A12.1
E6
C8
C2
E5
C4
0
25
50cm

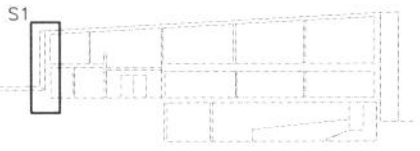
S1

陶瓷墙做法详图

4.2

日本 Hayama No Mori 疗养院和日托中心

项目名称：HAYAMA NO MORI
项目设计：隈研吾建筑都市设计事务所
项目地点：日本，神奈川县
建筑面积：1 374.32 m²
层　　数：4 层
竣工时间：2014 年
摄　　影：Kai Nakamura、中村绘

日本建筑师隈研吾已经在自己所在的神奈川县建起了一间疗养院与日托中心。该项目的名称为“Hayama No Mori”。在这个作品中，这位著名的建筑师充分发挥了木材的功能：他用带有不同弧度的木条覆盖整个建筑物，形成了一个连续动态的平面装饰，从建筑物的正面延伸出来。

本建筑的场地空旷，风景也很优美。最重要的是建造的疗养院整体风格以木材为主，而且在发挥木材最大功效的同时，表现出设计者的独特风格。

日托中心入口

不同弧度的木条覆盖整个建筑物形成了一个连续动态的平面装饰

1. 卧室
2. 交流空间
3. 洗手间
4. 楼梯间

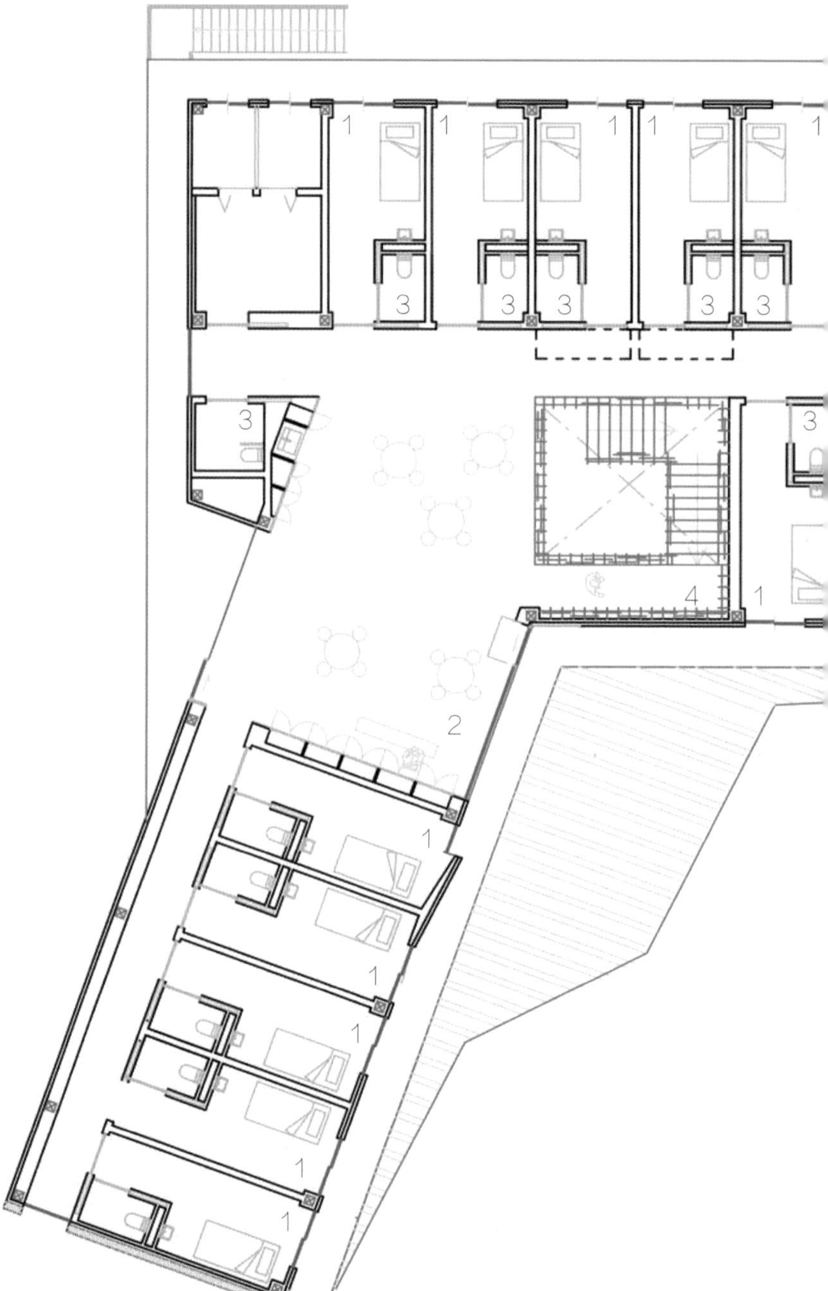

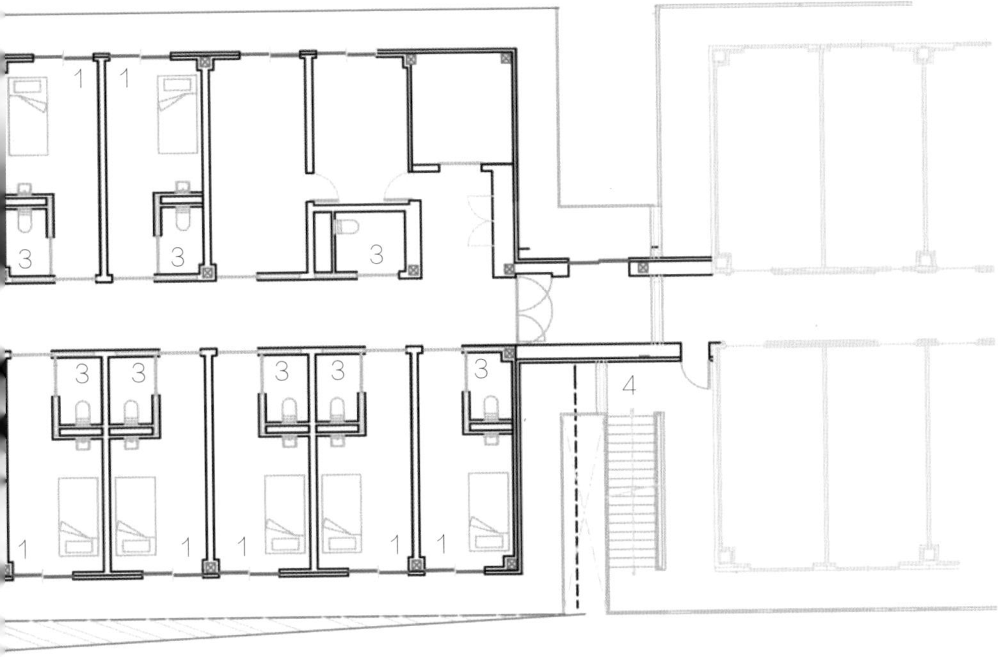

一层平面图

坐落在神奈川县的叶山自古以来就被称之为“御用官邸”。环抱在蓝色的大海与绿色山林的自然环境之中。从东京乘电车只需 1 个小时，交通十分便利。

设施内一人房间有 90 套，面积在 18.05~18.90 ㎡；二人房间 5 套，面积在 36.19~41.30 ㎡。所有房间内的床、衣柜、空调、窗帘等家庭日用家具完备。有专为坐轮椅老年人设置的卫生间和盥洗台，让老年人感觉到在这样的设施内生活与自家别无两样。

老年人专用的浴室分别设置在二层和三层，每层各有两套；一层还有一个大型的浴室，内设机械洗浴设备，可同时供 5~6 位老年人使用。

每层都设有为老年人娱乐、交流和静养的公共空间。

疗养院环抱在蓝色的大海与绿色山林的自然环境之中

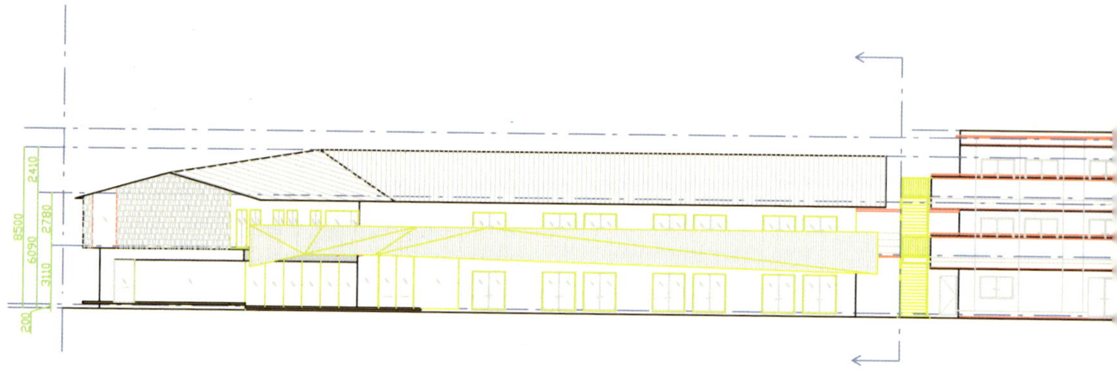
8500
2410
2780
6090
3110
200

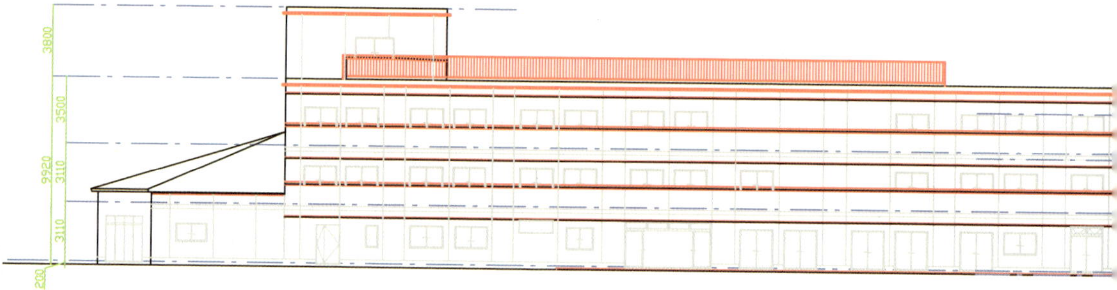
3800
3500
9920
3110
3110
200

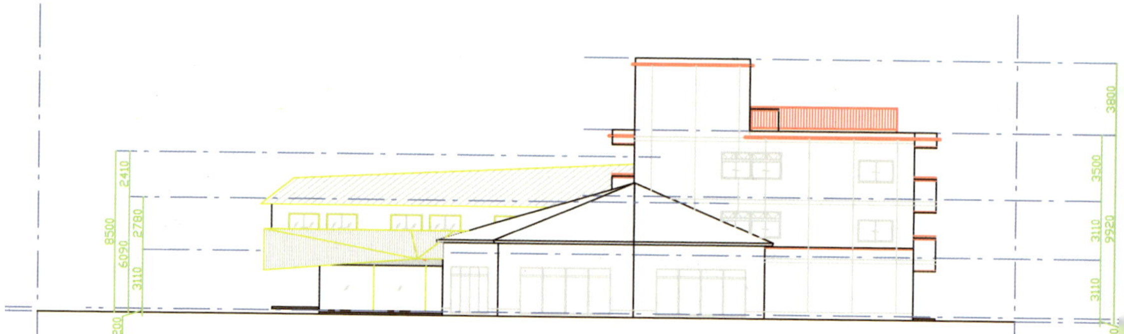
8500
2410
2780
6090
3110
200
3800
3500
9920
3110
3110
200

西平面图

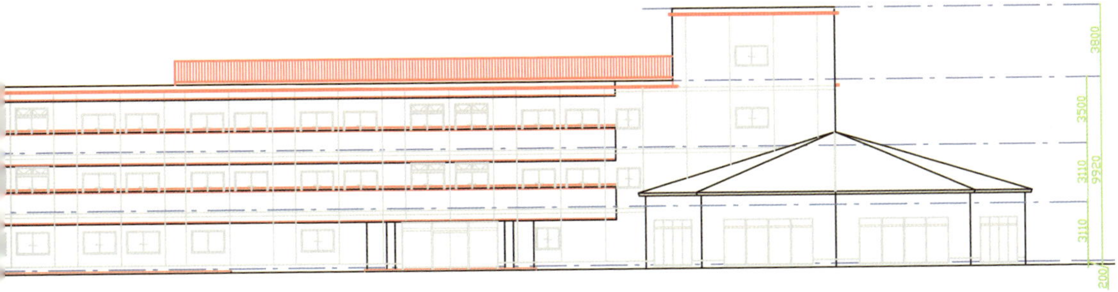

北立面图

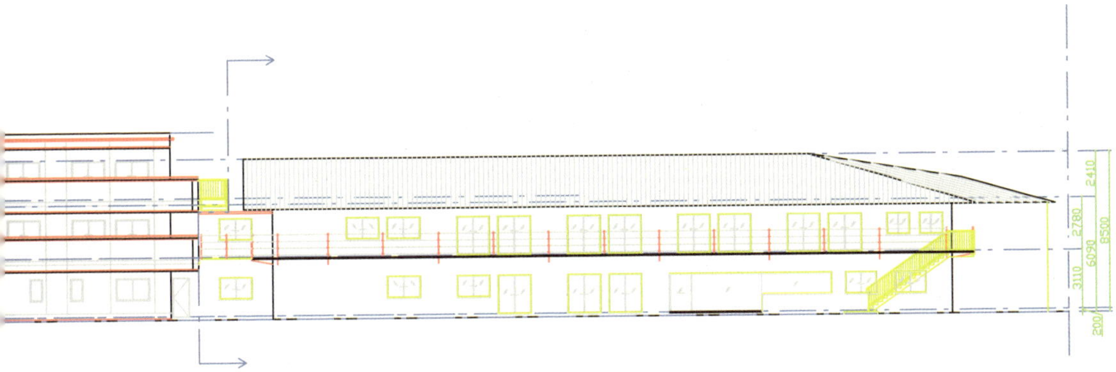

南立面图

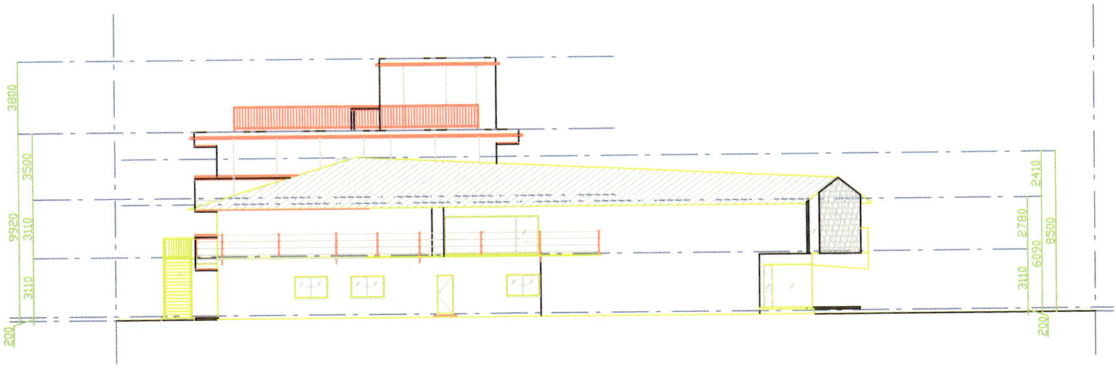

东平面图

木栅格的立面装饰创造韵律感

木栅格横纵交织构成富有丰富光影变化的室内效果

1. 卧室
2. 谈话室
3. 盥洗室
4. 洗手间
5. 楼梯间
6. 更衣室
7. 屋顶

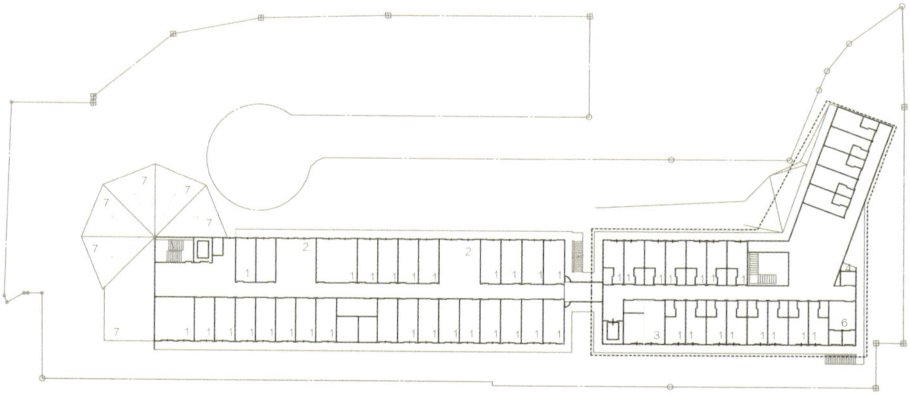

二层平面图

利用木质材料构筑出轻盈的室内楼梯

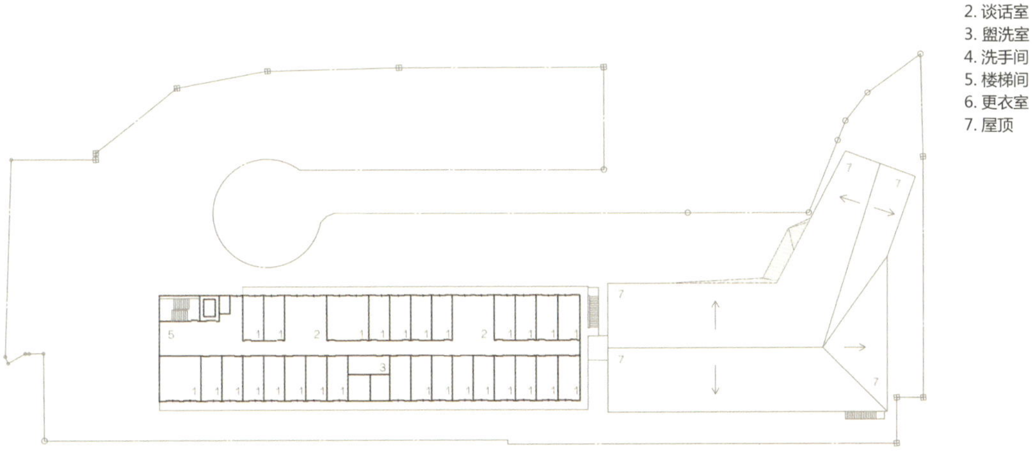

三层平面图

室外木栅格的围合减少阳光的直射

室内木栅格的设计创造隔而不塞的空间视觉效果

4.3

日本 Urara 江南养老院

项目设计：Art japan nagaya design office
项目地点：日本，爱知县，江南市
客　　户：Art japan nagaya design office
建筑面积：840.87 m^2
层　　数：2 层
竣工时间：2011 年
摄　　影：Art japan nagaya design office

Urara 江南是为患有认知障碍的老年人提供养老服务的小规模多功能日间照料设施 Group home（简称 GH），同时为当地居家老年人提供疗养康复、娱乐休闲的综合性福祉设施。在养老设施附近利用公用停车场的设计形成一个开放的公共交流场所。

老年人坐在阳台上可以观望来来往往的行人，和散步经过的人打招呼，有助于老年人与所在地区的居住者互动交流，使得老年人自然地融入当地的生活之中。

日本 Urara 江南养老院

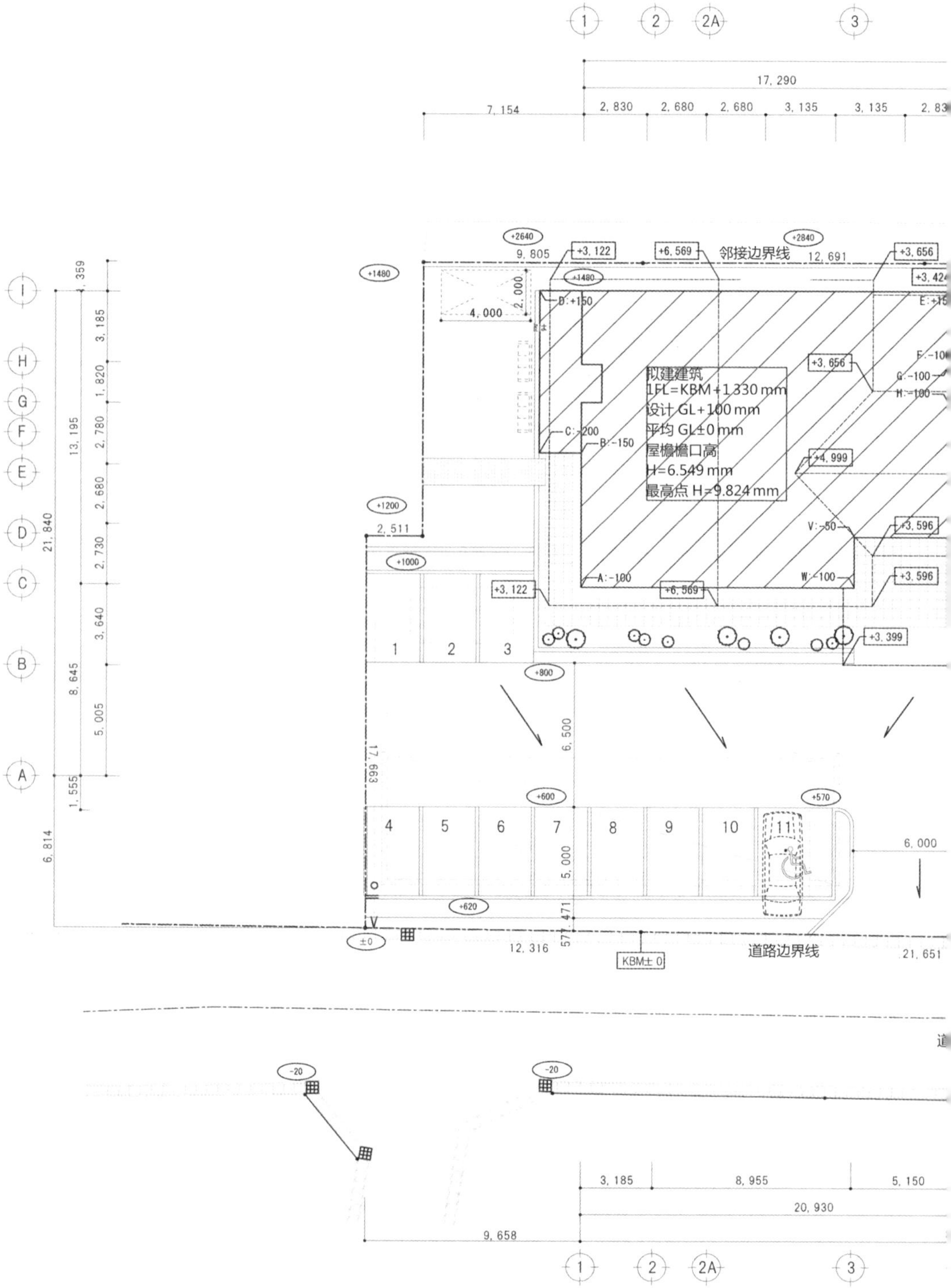
邻接边界线
拟建建筑
1FL=KBM+1330 mm
设计 GL+100 mm
平均 GL±0 mm
屋檐檐口高
H=6.549 mm
最高点 H=9.824 mm
道路边界线
KBM± 0
17, 290
7, 154
2, 830
2, 680
2, 680
3, 135
3, 135
9, 805
12, 691
21, 840
13, 195
8, 645
6, 814
17, 663
6, 500
5, 000
12, 316
21, 651
6, 000
3, 185
8, 955
5, 150
20, 930
9, 658

区位图

建筑采用组团式空间布局，并设计综合利用的停车场与出入口。室内公共洗浴空间可以满足各生活单元内的入居老年人的公用，护理空间及办公空间灵活配置，提高了建筑空间整体的利用率。

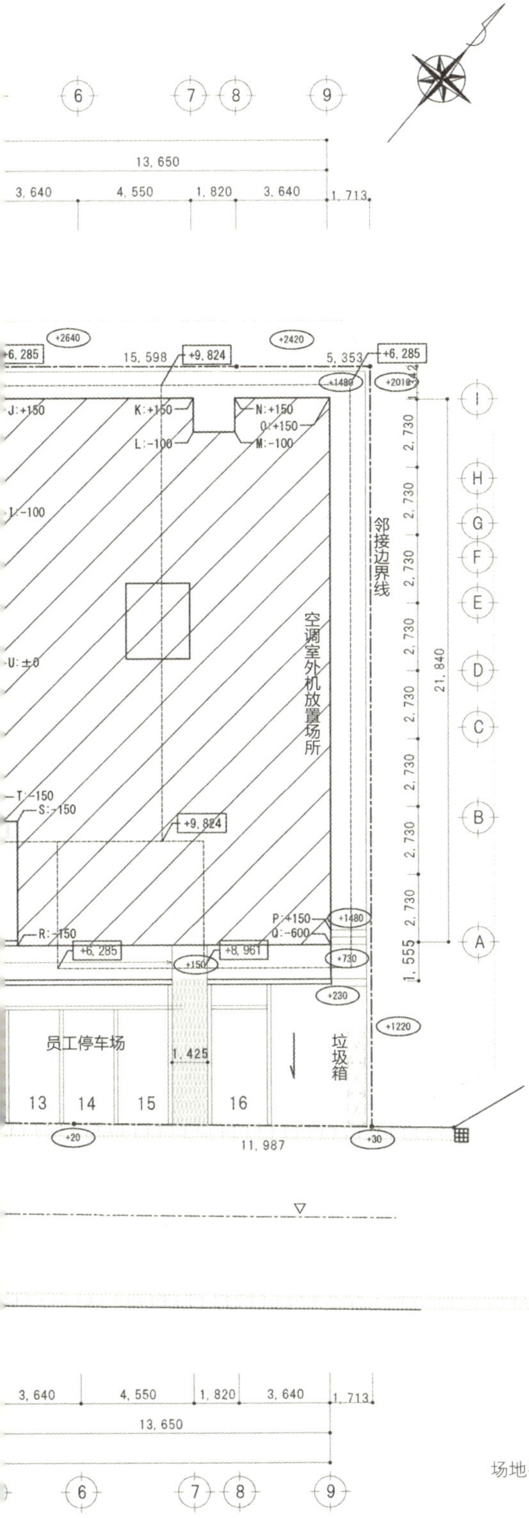

场地平面图

KOTI
DININGCAFE

建筑外观简洁大方更易于融入既有环境

11, 625
6, 542
330
10, 108
厨房
沙发区
操作台
接待
自助餐食品区
餐桌区（用餐区）
WWC
MWC
卫生间
治疗室
前台
候诊区
通道
15, 600
花坛
通道
19, 262
15, 640
11, 022
12, 316

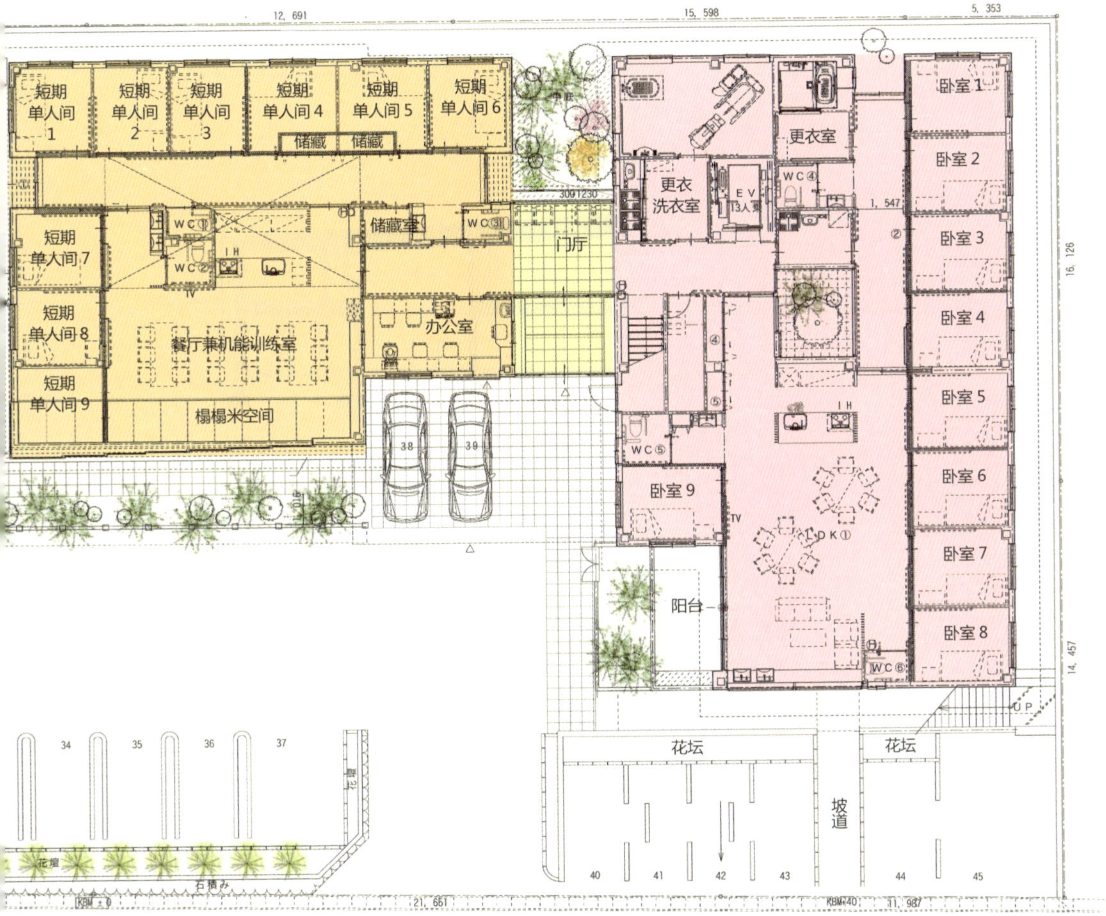

平面功能分析图

建筑平面中水色区域是餐饮咖啡空间，橙色是小规模多功能日间照料空间，粉色是卧室组团形成的老年人生活单元，绿色是理疗空间，各功能空间相互连接，空间的有机组织为老年人之间创造了各种交流的机会。

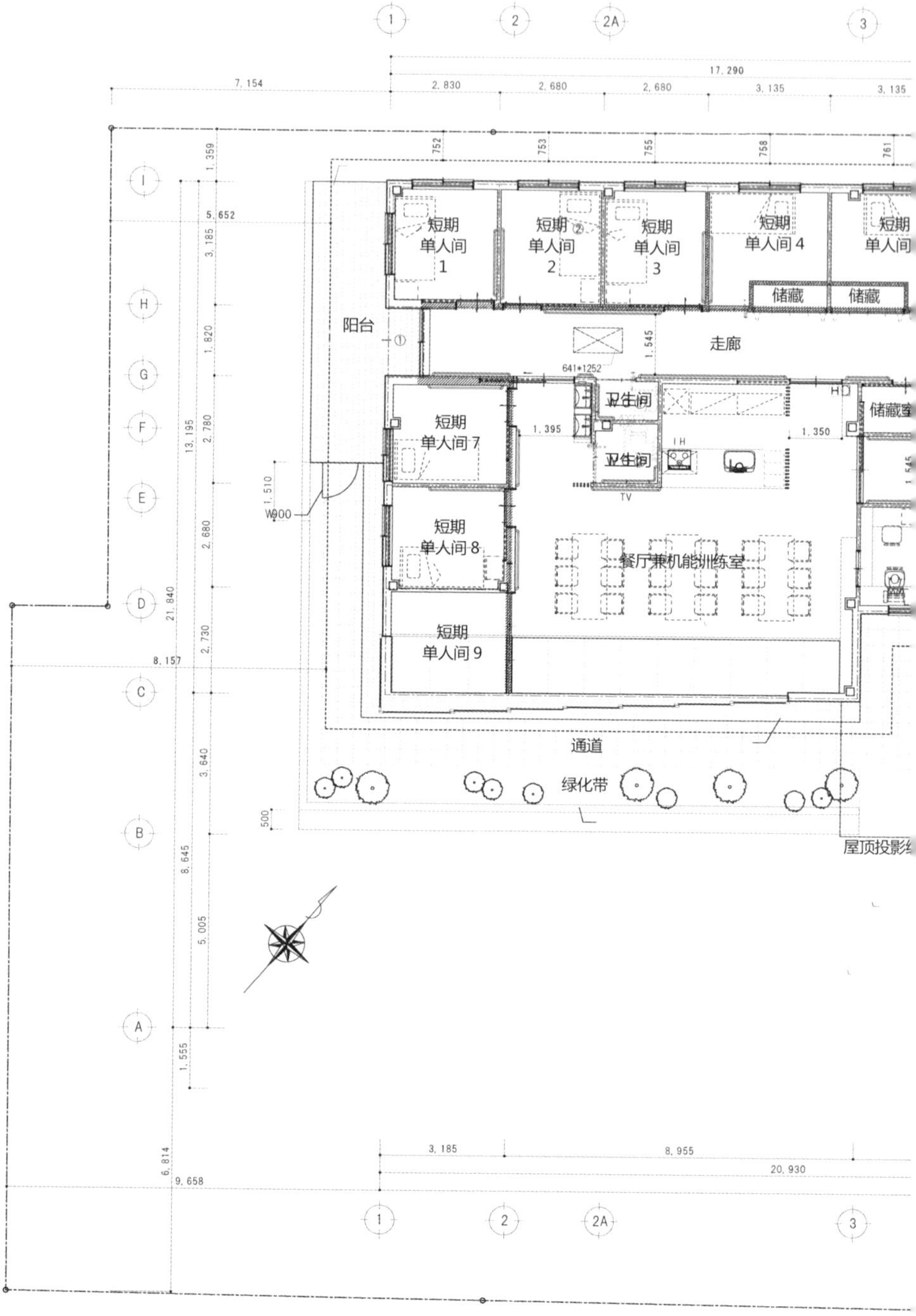
短期单人间 1
短期单人间 2
短期单人间 3
短期单人间 4
短期单人间
储藏
储藏
阳台
走廊
641*1252
卫生间
卫生间
储藏室
短期单人间 7
短期单人间 8
短期单人间 9
餐厅兼机能训练室
IH
TV
W900
通道
绿化带
屋顶投影
17,290
7,154
2,830
2,680
2,680
3,135
3,135
752
753
755
758
761
1,359
5,652
3,185
1,820
1,545
1,395
1,350
13,195
2,780
1,510
2,680
21,840
2,730
8,157
3,640
500
8,645
5,005
1,555
6,814
9,658
3,185
8,955
20,930

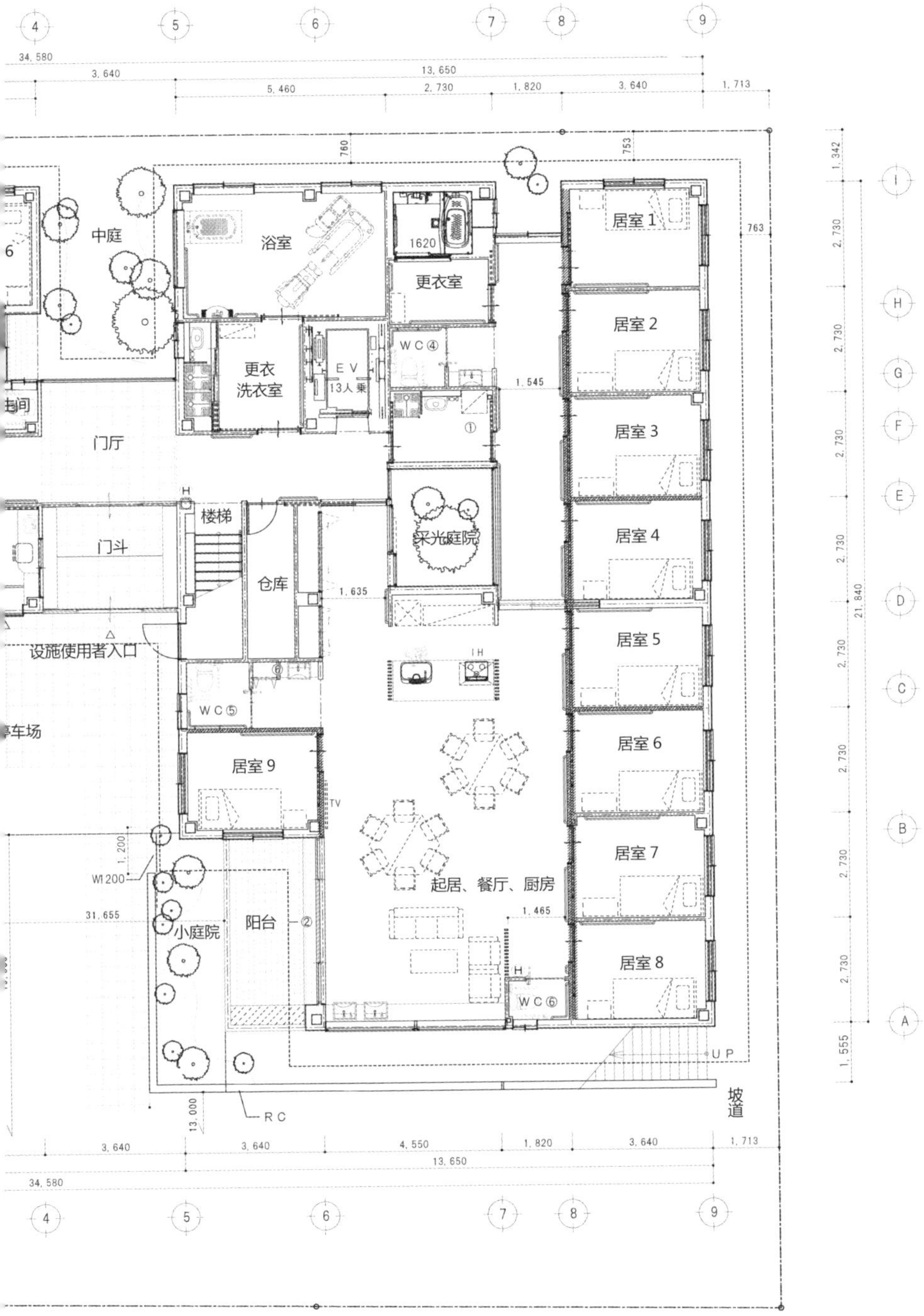
中庭
浴室
1620
更衣室
WC④
更衣
洗衣室
EV
13人乘
①
门厅
楼梯
门斗
采光庭院
仓库
设施使用者入口
WC⑤
停车场
居室9
起居、餐厅、厨房
阳台
②
小庭院
WC⑥
居室1
居室2
居室3
居室4
居室5
居室6
居室7
居室8
UP
坡道
RC
W1200
34, 580
13, 650
3, 640
5, 460
2, 730
1, 820
1, 713
21, 840
1, 342
1, 555
763
760
753
1, 545
1, 635
1, 465
1, 200
31, 655
13, 000
4, 550
IH
TV

一层平面图

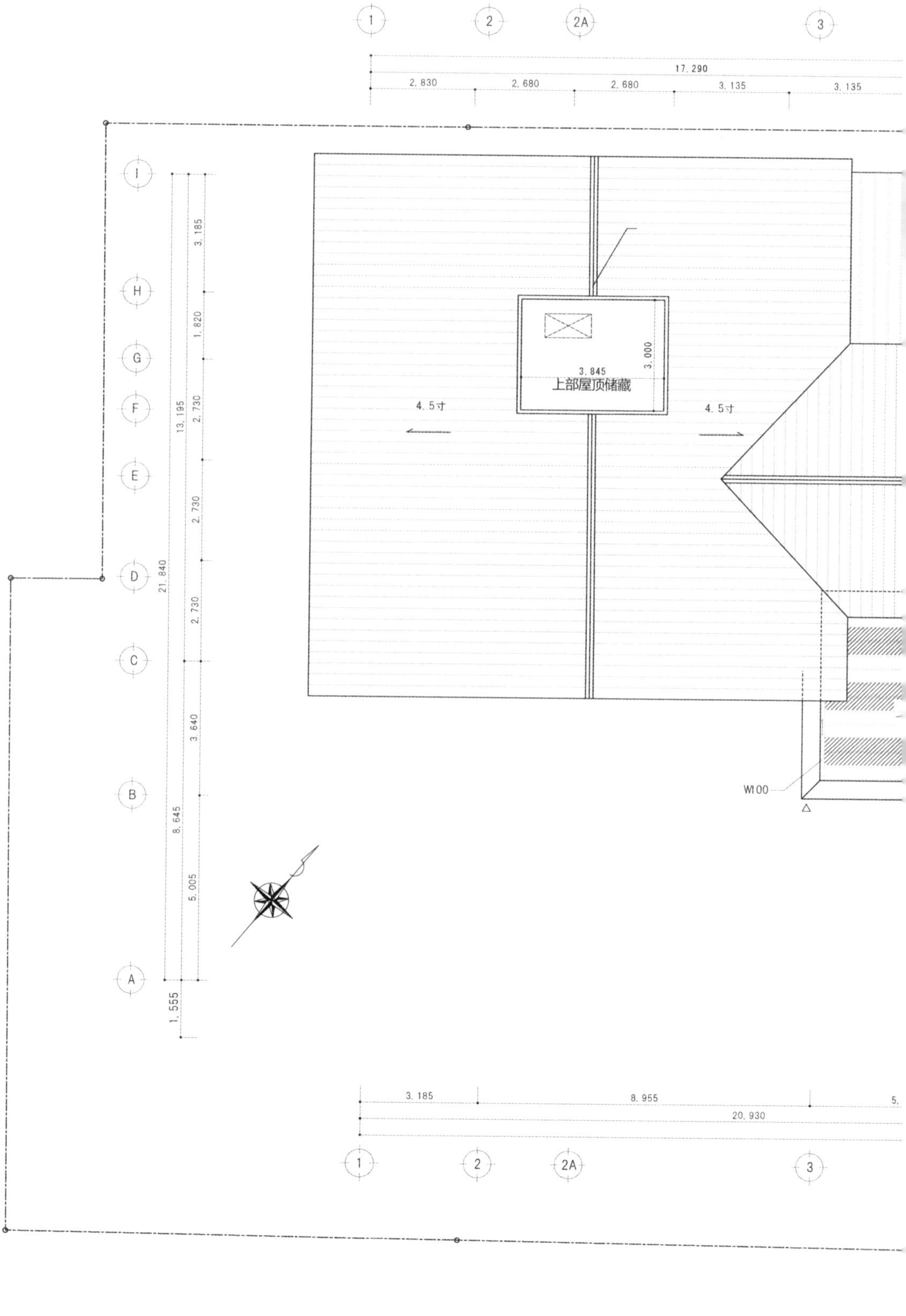
1
2
2A
3
17, 290
2, 830
2, 680
2, 680
3, 135
3, 135
I
H
G
F
E
D
C
B
A
3, 185
1, 820
2, 730
2, 730
2, 730
3, 640
5, 005
13, 195
21, 840
8, 645
1, 555
3, 845
3, 000
上部屋顶储藏
4. 5寸
4. 5寸
W100
3, 185
8, 955
5,
20, 930
1
2
2A
3

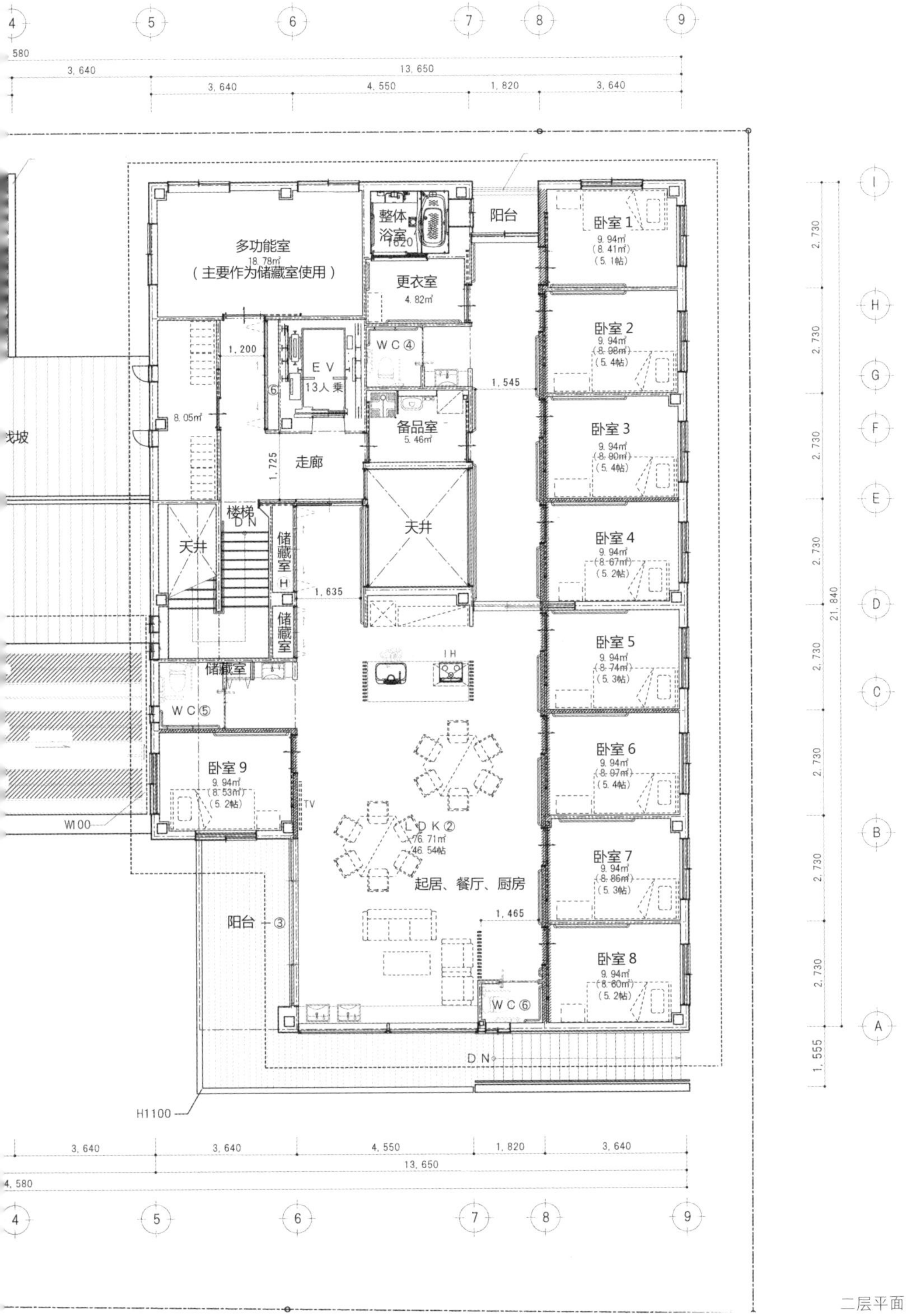

多功能室
18.78㎡
（主要作为储藏室使用）
整体浴室
阳台
更衣室
4.82㎡
WC④
EV
13人乘
备品室
5.46㎡
走廊
8.05㎡
楼梯
DN
天井
储藏室
储藏室
WC⑤
卧室9
9.94㎡
(8.53㎡)
(5.2帖)
LDK②
76.71㎡
46.54帖
起居、餐厅、厨房
阳台③
WC⑥
卧室1
9.94㎡
(8.41㎡)
(5.1帖)
卧室2
卧室3
卧室4
卧室5
卧室6
卧室7
卧室8
3,640
3,640
4,550
1,820
13,650
2,730
21,840
1,555
H1100
W100

二层平面图

日式传统建筑外观的设计为老年人营造居家养老的感觉

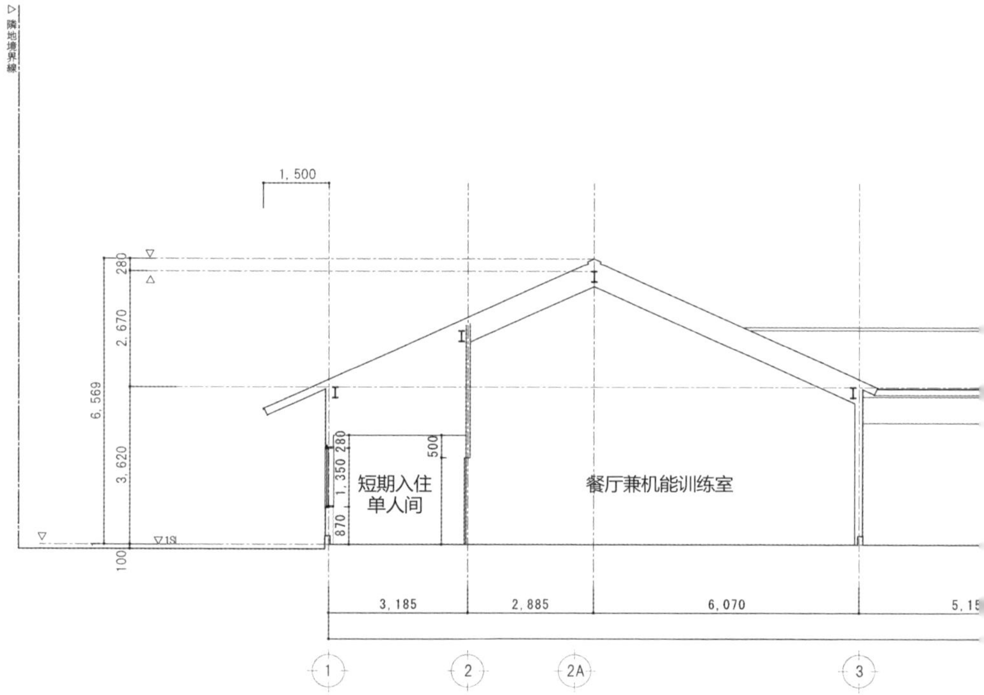
隣地境界線
1, 500
280
2, 670
6, 569
3, 620
100
280
1, 350
870
500
▽1SL
短期入住
单人间
餐厅兼机能训练室
3, 185
2, 885
6, 070
1
2
2A
3

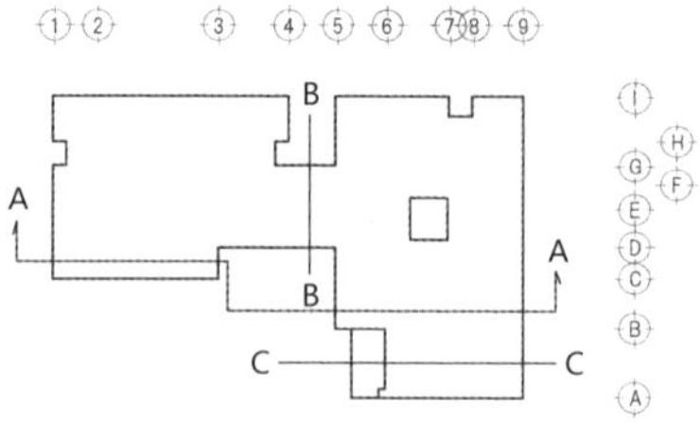
1 2 3 4 5 6 7 8 9
A
B
C
A
B
C
I
H
G
F
E
D
C
B
A

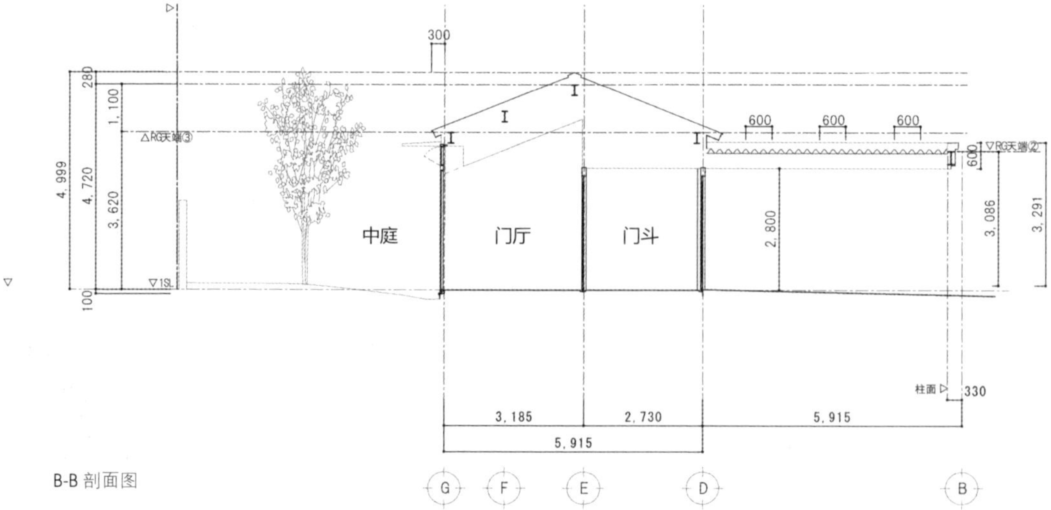
300
280
1, 100
4, 999
4, 720
3, 620
100
△RG天端③
▽1SL
600
600
600
▽RG天端②
600
2, 800
3, 086
3, 291
中庭
门厅
门斗
柱面
330
3, 185
2, 730
5, 915
5, 915
G
F
E
D
B

B-B 剖面图

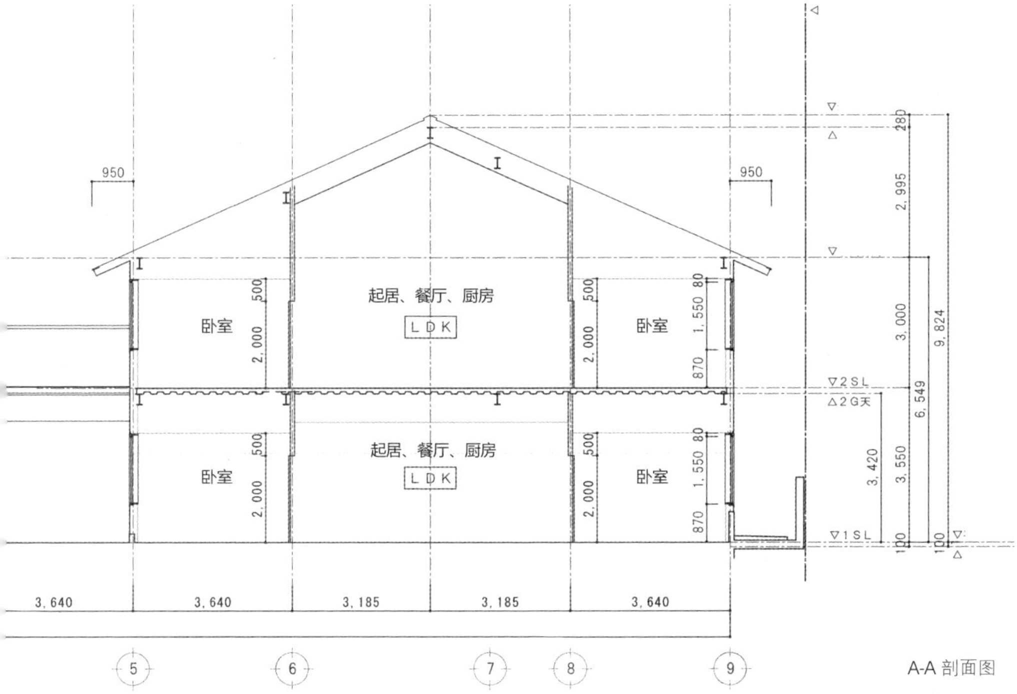
950
950
起居、餐厅、厨房
LDK
卧室
卧室
起居、餐厅、厨房
LDK
卧室
卧室
500
2,000
500
1,550
870
80
280
2,995
3,000
9,824
6,549
3,420
3,550
100
100
▽2SL
△2G天
▽1SL
3,640
3,640
3,185
3,185
3,640
5
6
7
8
9

A-A 剖面图

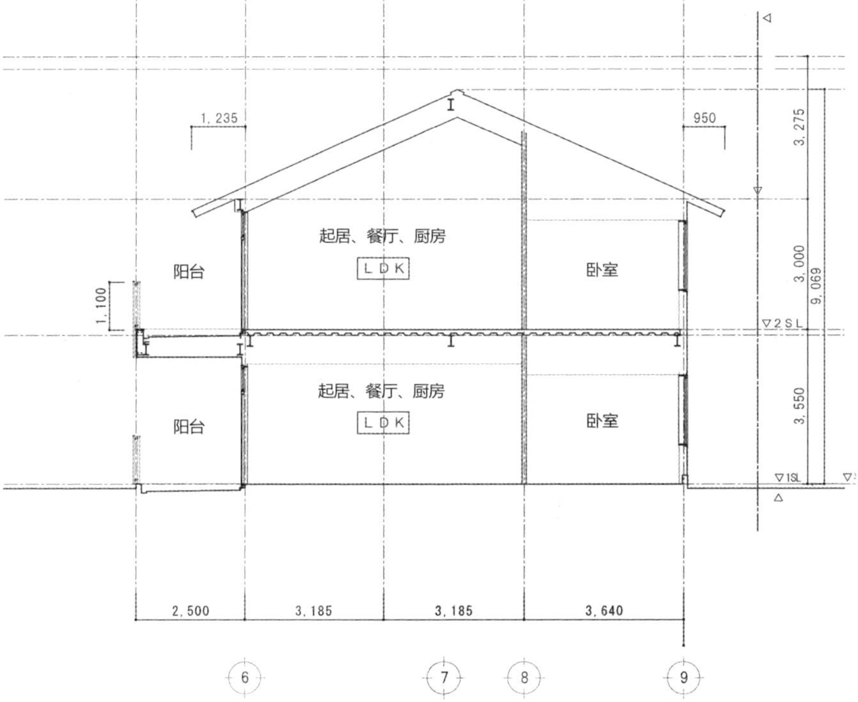
1,235
950
起居、餐厅、厨房
LDK
阳台
卧室
起居、餐厅、厨房
LDK
阳台
卧室
1,100
3,275
3,000
9,069
3,550
▽2SL
▽1SL
2,500
3,185
3,185
3,640
6
7
8
9

C-C 剖面图

内庭院植物

各个空间采用传统日式榻榻米铺地设计，室外则设计成庭院，木篱笆的设计也满足了老年人对空间隐私性的需求。让老年人在不同的空间内感受到绿色环境、四季与天气的变化，提升设施里入居老年人的心理存在感。

廊下空间形成可以就座 休息的“灰空间”

大面积玻璃窗的设计使室内外空间自然交融

室内休息空间结合庭院布置为老年人创造自然的公共空间

起居、餐厅、厨房复合化设计的老年人共同生活空间

二层 GH 宽敞明亮的共同生活空间采用木色的传统坡面空间形式，营造出温馨的家里起居空间感觉。开敞的空间减少死角，便于护理人员随时看护老年人，而且通畅的空间形成风通过的路径，以便获得更加舒适的自然通风环境。

室内外交融的老年人休息空间

温馨居家的老年人共同生活空间

配备有先进洗浴器械的适老化浴室

满足老年人日常活动的多功能室

安心舒适的老年人卧室

养老院卫生间

满足老年人就餐及机能恢复训练的公共空间

4.4

日本
Urara 芋岛

项目设计：Art japan nagaya design office
项目地点：日本，岐阜县，岐阜市
客　　户：Art japan nagaya design office
建筑面积：1162.74 m²
层　　数：2 层
竣工时间：2011 年
摄　　影：Art japan nagaya design office

Urara 芋岛是一个一层作为小规模多功能日间照料设施、二层为服务性老年专用公寓的综合型养老设施。项目坐落在居住区，是一个和地域紧密联系的设施。为了在理念上减少“养老院设施”的感觉，而是作为老年人的“家”去营造，设计师在建筑整体上采用普通的民宅空间规模和造型，使用日本传统的黑白色对比，更容易让老年人接受。

传统日式建筑外观设计与周边既有居住环境结合

传统日式建筑外观设计为老年人营造家的感觉

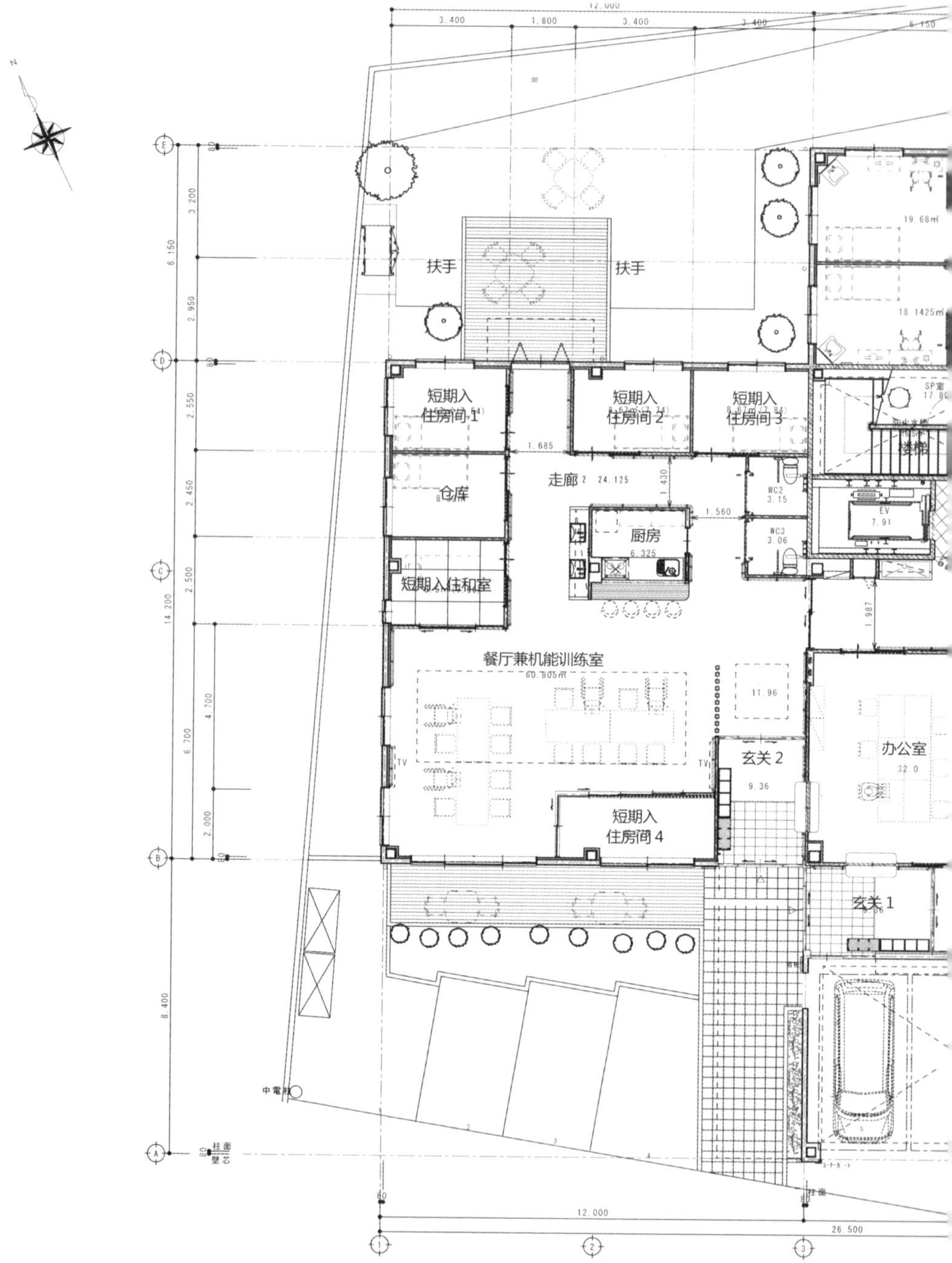
扶手
扶手
短期入住房间 1
短期入住房间 2
短期入住房间 3
仓库
走廊
厨房
短期入住和室
餐厅兼机能训练室
玄关 2
短期入住房间 4
办公室
玄关 1
楼梯
EV
WC2
WC3
SP室
12.000
26.500
14.200
8.400
6.150

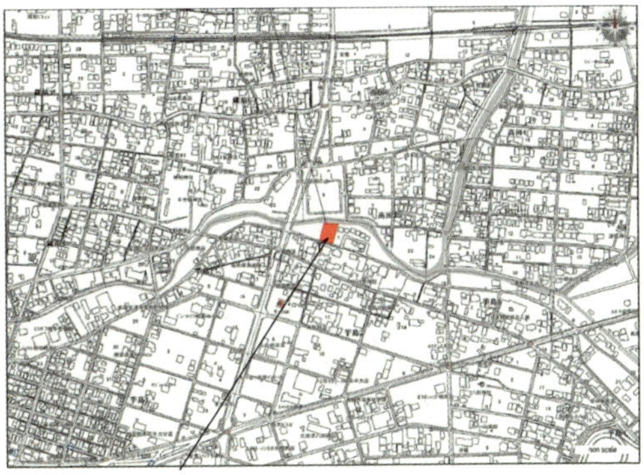

区位图

建筑一层为地域的小规模多功能日间照料设施，其右侧是服务性老年专用公寓的一层入口及设施的公共管理部分。两种设施共用洗浴空间和办公管理。从形式上，作为服务性老年公寓入住的老年用户也可以使用一层的日间照料设施。这样，使得老年人与当地居住者有更多的交流机会。

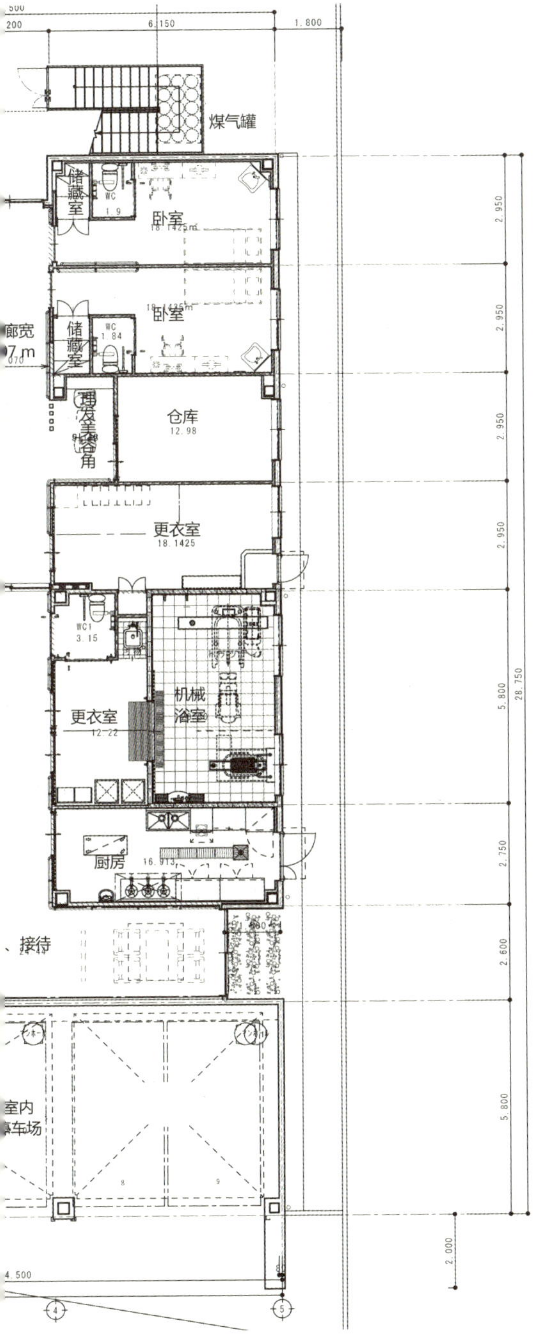

一层平面图

建筑沿河岸而建，整体建筑采用日本传统民宅的大屋顶造型、黑白对比的色彩，底层采用素混凝土，给人传统、厚重的感觉，同时种植竹林点缀，营造温馨、安全的居家感受。

传统、厚重、具有居家感觉的建筑外观

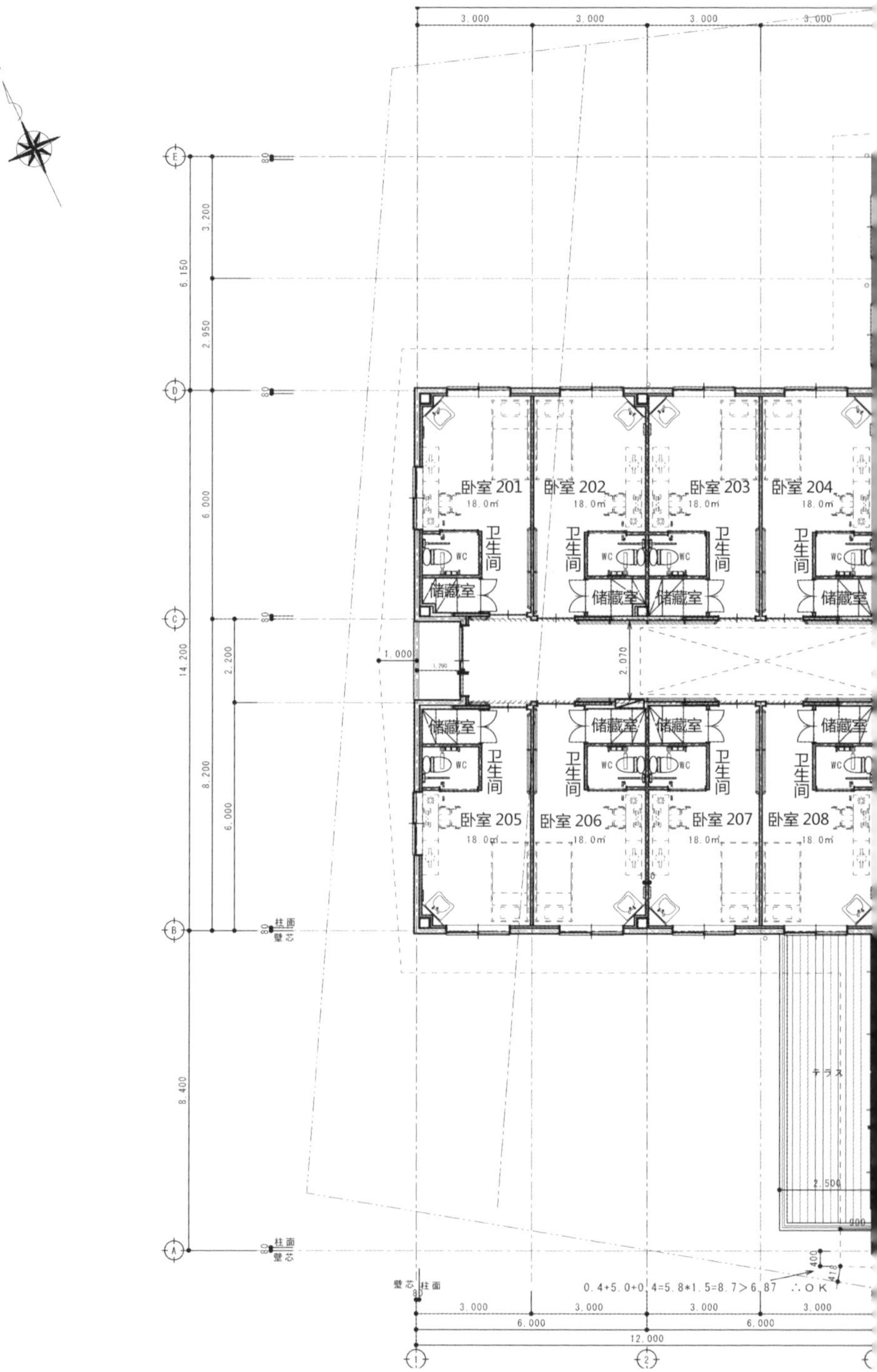

卧室 201
卧室 202
卧室 203
卧室 204
卧室 205
卧室 206
卧室 207
卧室 208
18.0㎡
卫生间
储藏室
WC
テラス
柱面
壁芯
0.4+5.0+0.4=5.8*1.5=8.7＞6.87 ∴OK
3.000
6.000
12.000
3.200
2.950
6.150
2.200
8.200
14.200
8.400
2.070
1.000
2.500

卧室 211
18.14㎡
209
210
卧室 212
储藏室
卧室 213
卧室 214
卫生间
WC1
2.25
15.65
5.865
卧室 215
卧室 216
活室
卧室 217
居室218
卧室 218
2.200
6.150
1.290
2.070
2.950
2.850
2.300
5.150
28.750
900
0.4+5.0+1.5=6.9*1.5=10.35>10.27 ∴OK
1.300
7.450
14.500
*1.5=9.52>8.61 ∴OK
柱面 壁芯

二层平面图

夜景

室内走廊

室内采用深木色，和白色墙体的对比更加强烈，空间简洁明快。公共活动空间位于建筑的南向，阳光充分，宽敞高大，易于空气的流通。局部设计天窗，在室内创造出光影的变化，让久居室内的老年人很容易判断一天以及四季的变化。

具有良好采光与通风效果的老年人共同生活空间

老年人共同生活空间设计风格简洁明快

4.5

中国上海浦兴社区福苑长者照护之家

项目设计：上海福苑养老服务中心
项目地点：中国，上海市，浦东新区
运　　营：上海福苑养老服务中心
建筑面积：340 m²（翻新）
层　　数：1 层
竣工时间：2014 年
摄　　影：上海福苑养老服务中心

本项目位于一个居民小区内，原为公建配套设施，通过二次改造完成。室内建筑面积 340 ㎡，户外花园面积 130 ㎡。从空间的规划、设计，到家具等软装的设计、配置，再到运营管理，均由上海福苑养老服务中心提供集成式服务。项目于 2014 年 6 月着手规划设计，同年 8 月底完成，前后仅经历了 3 个月的时间。

上海福苑养老服务中心是一家聚焦于养老领域的专业服务机构，因此在设计上，更多的是考虑老年群体的使用需求和感受，空间布局和细节设计上具有鲜明的“如家”氛围和“适老化”特色，全方位地诠释了“去宾馆化、去医院化、去机构化”的设计理念。

上海浦兴社区福苑
长者照护之家
www.fuyuan.org.cn
一个熟悉的地方
一个记忆中的家
用心呵护
悉心陪伴

福苑长者照护之家

配电房
背景墙
冰箱
消防箱
开水机
消防箱
烘干机
洗衣机
浴缸
高低花洒
拖把池
拖把斗
污物桶
浸泡消毒池

区位图

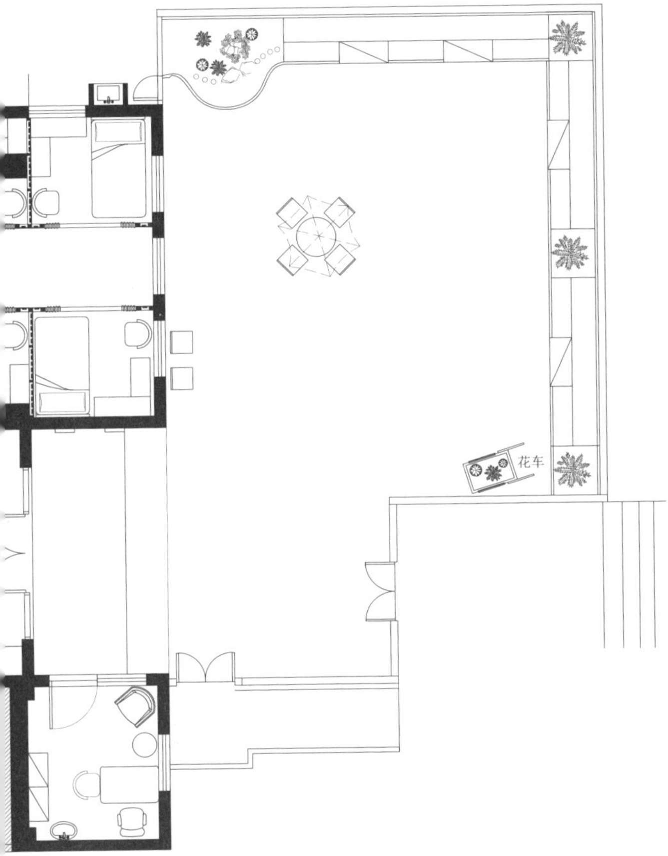

平面图

机构属性

“长者照护之家”是一种为老年人就近提供24小时集中照护服务的社区托养机构，其服务特征可概括为：个案化、连续性、系统性、24小时、365天。

该机构是上海市首批试点单位中的首家运营单位，由浦兴路街道办事处委托上海福苑养老服务中心运营管理。核定床位数14张，收助对象以本小区及周边小区的中、重度失能、失智老年人为主。2015年1月底开业试运营，2个月后入住率100%，3个月即实现床位流转。目前入住老年人最高年龄96岁，平均年龄88岁。

长者照护之家是“机构养老”和“社区照护”的中转站，是朝着“去机构化”的方向发展，结合居家、社区和机构为一体的新型养老服务模式。长者照护之家以专业照护资源为依托，为小区及周边小区有需求的居家长者提供“健康监测、社工活动、上门康护”等拓展性服务，同时也为有需要的家庭提供“长者家居环境改造体验、家庭护老者技能培训、辅具用具短期抵偿租赁”等援助性服务，形成“溢出效应”。

接待台

接待台

在设计时充分考虑老年人坐轮椅时腿部进入的空间，便于与工作人员面对面无障碍交谈。背景墙上没有任何 Logo 和宣传标语，让老年人走进来感觉就是回到家中。

室外机构简介墙

备餐台

备餐区

开放式的多功能备餐台，便于老年人及其家属共同参与美食制作，促进家庭氛围的营造。

室内开放式整体设计

适老化盥洗台

公共起居室

休闲空间

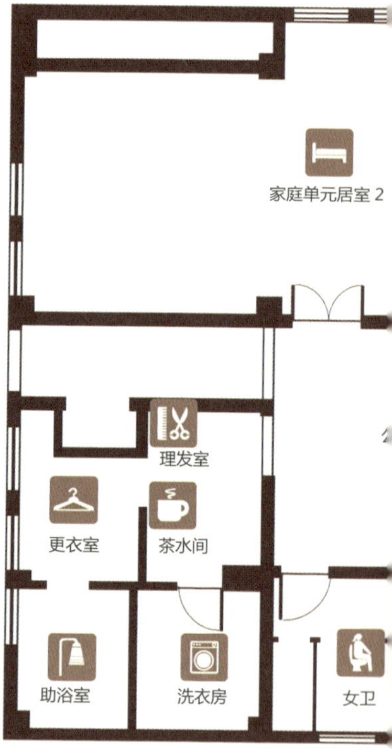

公共功能、卫生区域

“最大限度地满足使用需求、将空间利用最大化”的设计原则，使得这里凸显了“麻雀虽小、五脏俱全”的特点。

多功能大厅

色彩和灯光均采用暖色调，利于老年人保持轻松愉悦的心情。整体为一体化开放式设计，并通过合理布局清晰地划分为不同的功能区域。

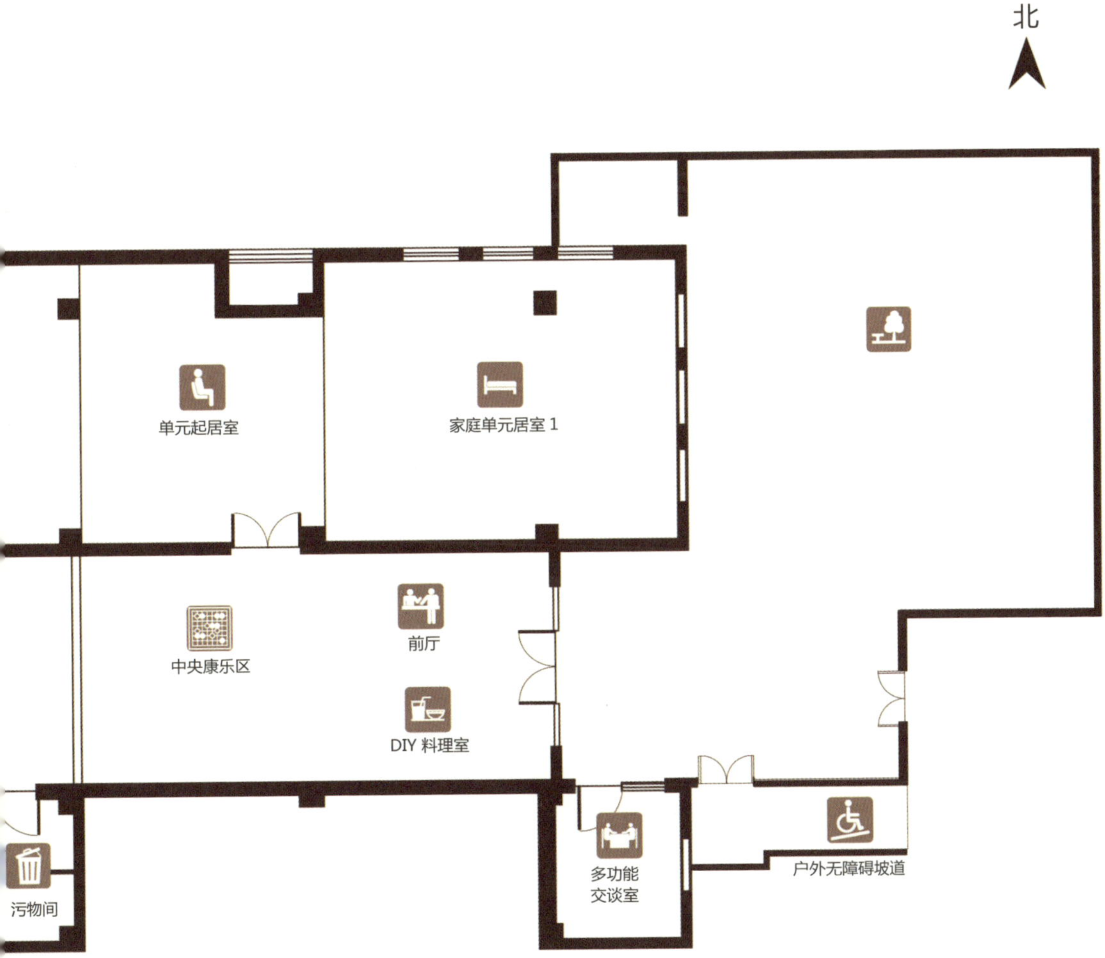

平面功能分析图

公共起居室

相当于“我家大客厅”，创新助力功能的 3 人位沙发是最大的设计亮点，扶手边的拐杖卡槽、适度加高加硬的沙发座椅都是从老年人使用需求角度出发设计的。

多功能梅花桌采用了科学比例的凹弧设计，既满足乘坐轮椅老年人使用，又能满足多角度交流，一桌多用。

公共起居室整体空间

公共起居室多人位助力沙发

公共起居室多人位助力沙发扶手卡槽

单元照护空间

室内空间的布局采用家庭单元式照护理念，划分成家庭单元起居室、单元起居室、公共起居室 3 个层级，将老年人家中的空间布局进行还原并放大。

单元照护空间木质隔断

家庭单元起居室

设计团队大胆突破，摒弃传统的医用隔离帘，采用“木质隔断 + 折叠移门”相结合的分隔方法，全手工实木与半透明材质拼接，注重私密性的同时又保障了采光和通风。

带有夜视功能的 LED 扶手，粗细适合老年人，握感舒适，材质的摩擦系数高，增强了安全性。

单元起居室

相当于家庭中小客厅的概念，非用餐时间可以在这里谈心、交流、下棋，或是做做简单的手工作业训练。这个区域的作用是塑造大家庭的氛围，促进邻里关系的重塑。

干湿分离的盥洗台，除了无障碍的整体设计外，还有倾斜角度的镜面设计，便于坐轮椅的老年人使用；一个龙头多个开关的组合出水设计，方便中风偏瘫的老年人使用。

单元照护空间卧室 1

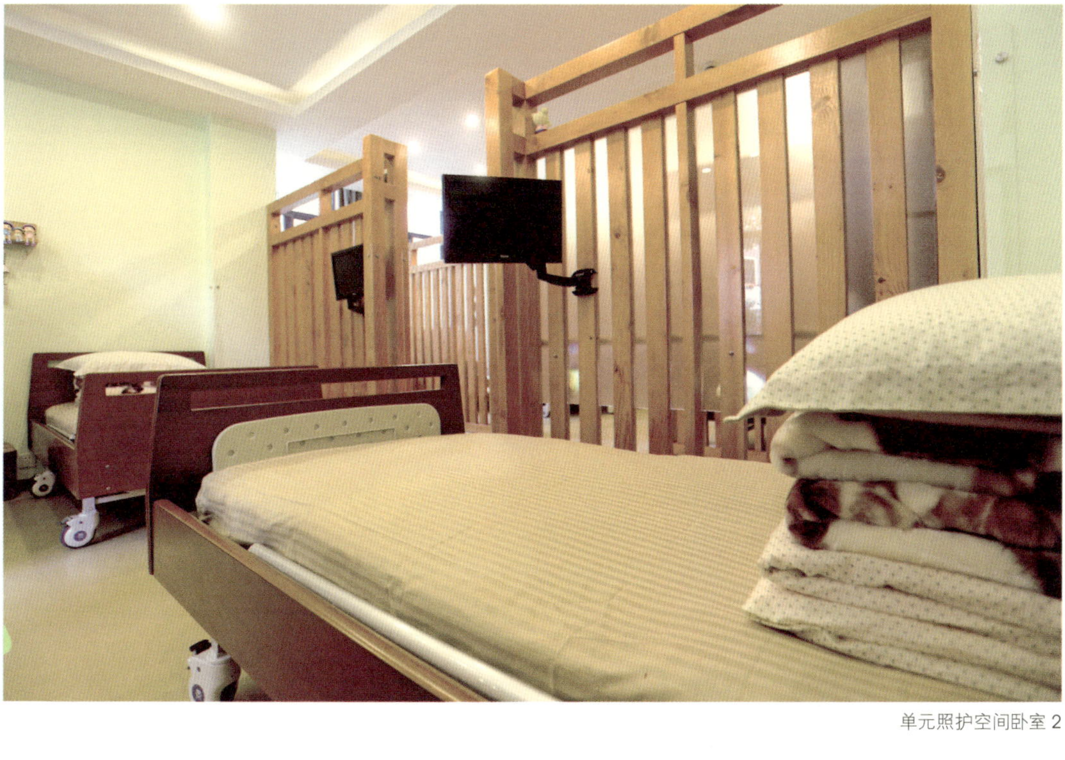

单元照护空间卧室 2

公共盥洗台——朝下放置的烘干机

卫生区

包括干湿分离的盥洗台、无障碍男女卫生间、相对独立的清洁室以及污物处理间。

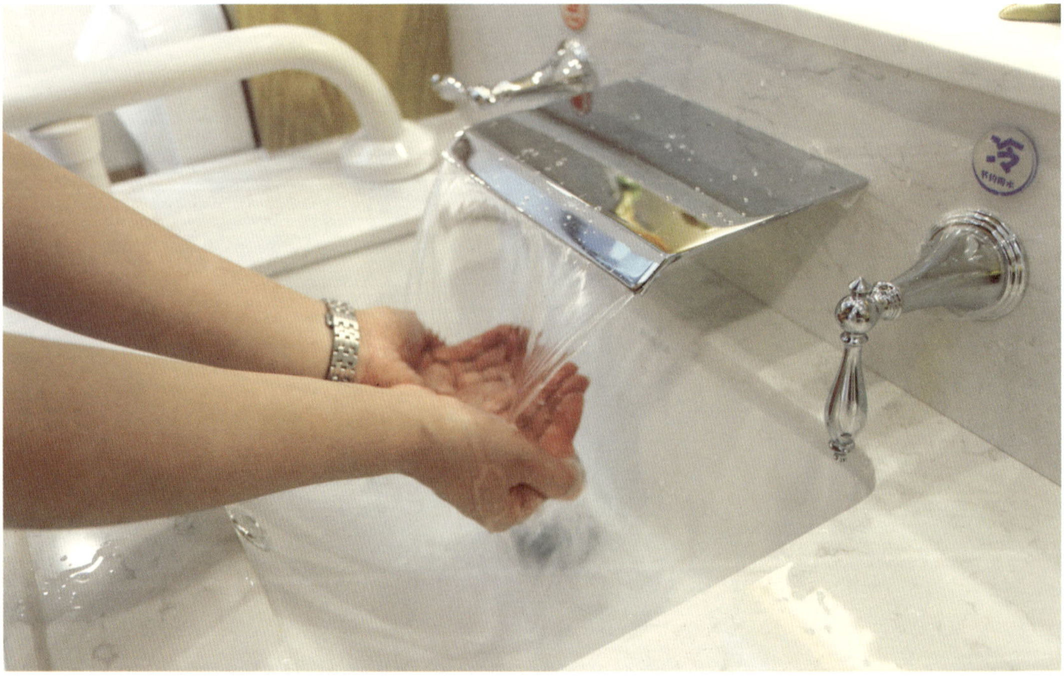

公共盥洗台——适老化大出水设计

更衣区

功能区

从里至外分别设有助浴室、更衣区、理容区、理发角、洗衣房、被服间。

理容、理发区

花园整体景观 1

宠物疗法——铃铛

花园整体景观 2

户外康复训练式花园

为了鼓励老年人多进行户外活动，设计方在这里集“园艺疗法、音乐疗法、宠物疗法、运动疗法”等多功能于一体，形成对老年人的整体感官刺激，从而延缓脑部功能退化，预防、缓解老年痴呆。例如无障碍设计的夕阳种植区，即使是坐轮椅的老年人也可以很方便地进出，他们可以在这里认领、种植花草和蔬菜，也可以种植好以后去装饰他们自己的居室空间。

园艺疗法——无障碍种植台

4.6

西班牙伯拉达市老年中心

项目名称：BURLADA MUNICIPAL CENTRE FOR THE ELDERLY
项目设计：Magma Arquitectura + LJ Arquitectos
项目地点：西班牙，纳瓦拉，伯拉达
客　　户：伯拉达城市规划处
建筑面积：650 m^2
层　　数：2 层
竣工时间：2011 年
摄　　影：Jokine Crespo , Magma Arquitectura

老年中心设在伯拉达市中心区，紧邻城镇的主要街道和圣胡安包蒂斯塔教堂，占据了一座公寓楼的底楼和地下室的大片场地。该中心设有一个公共步行广场，作为进入老年中心及咖啡厅、酒吧的门厅，屋顶露台伸向广场，屋顶露台伸向、与广场自然衔接。

西班牙伯拉达市老年中心

CENTRO MUNICIPAL DE MAYORES

入口处

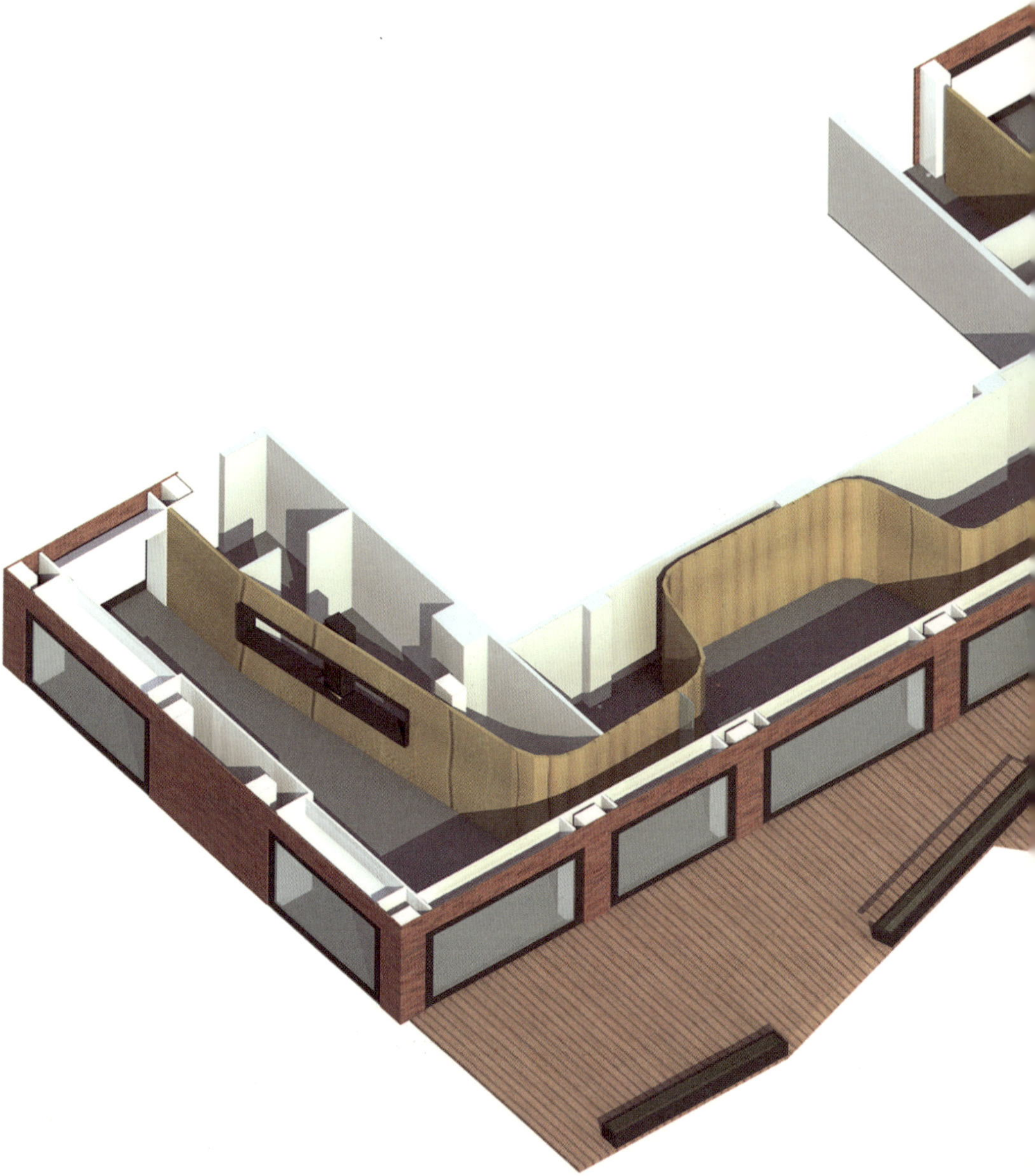

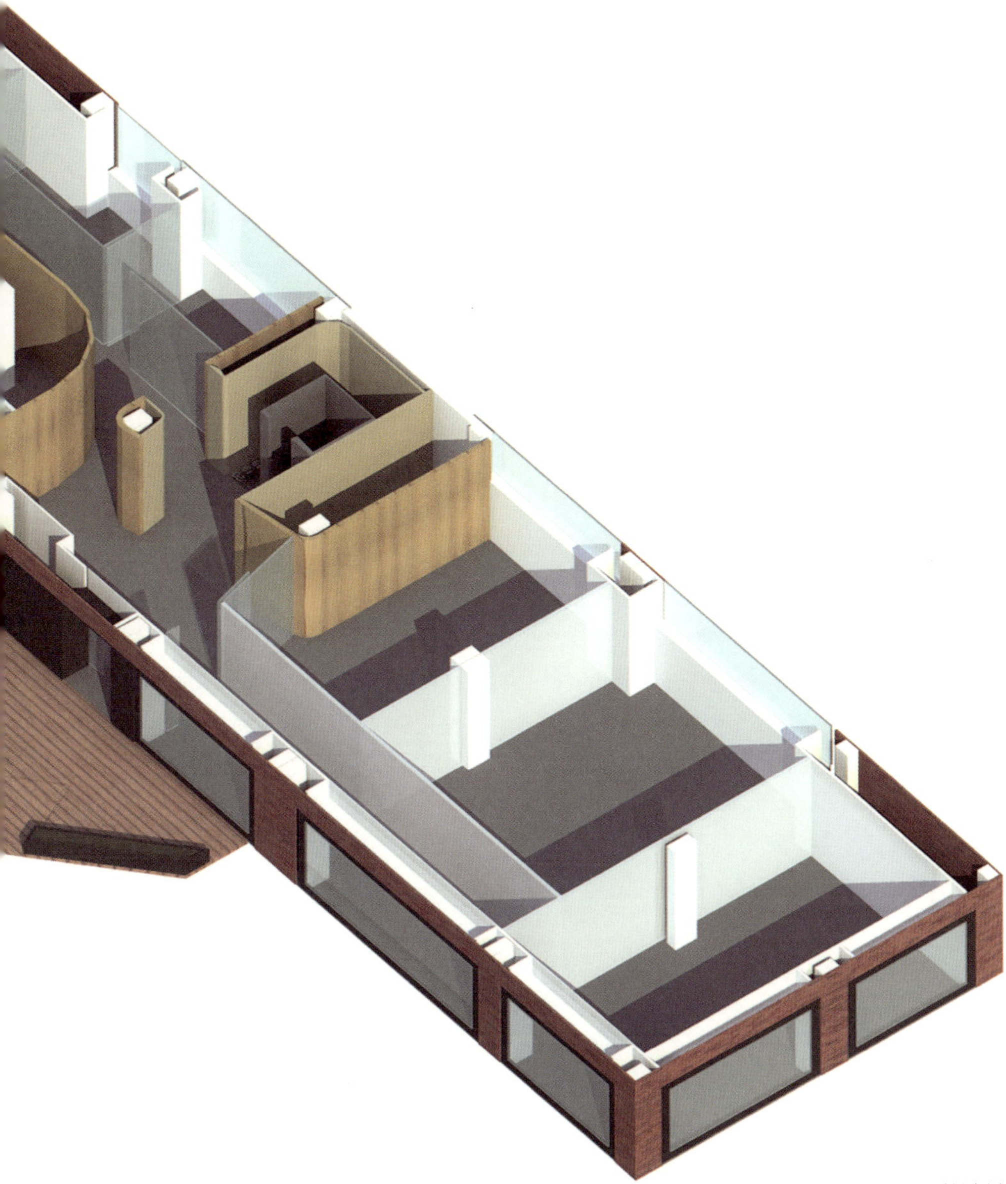

轴测分析图

本项目旨在通过空间设计促进老年人间的互相交流和沟通。建筑整体通过一条蜿蜒的橡木墙面进行组织布局，墙壁包围着支柱和既有设施，分割出各个服务空间（厕所、酒吧、仓库、设施等），这些服务空间位于场地内部。橡木墙面贯穿老年中心的开放空地，占据了所有的边缘空间。另外，所有的大型窗户以同样的方式建造，形成内外交错的空间形态。

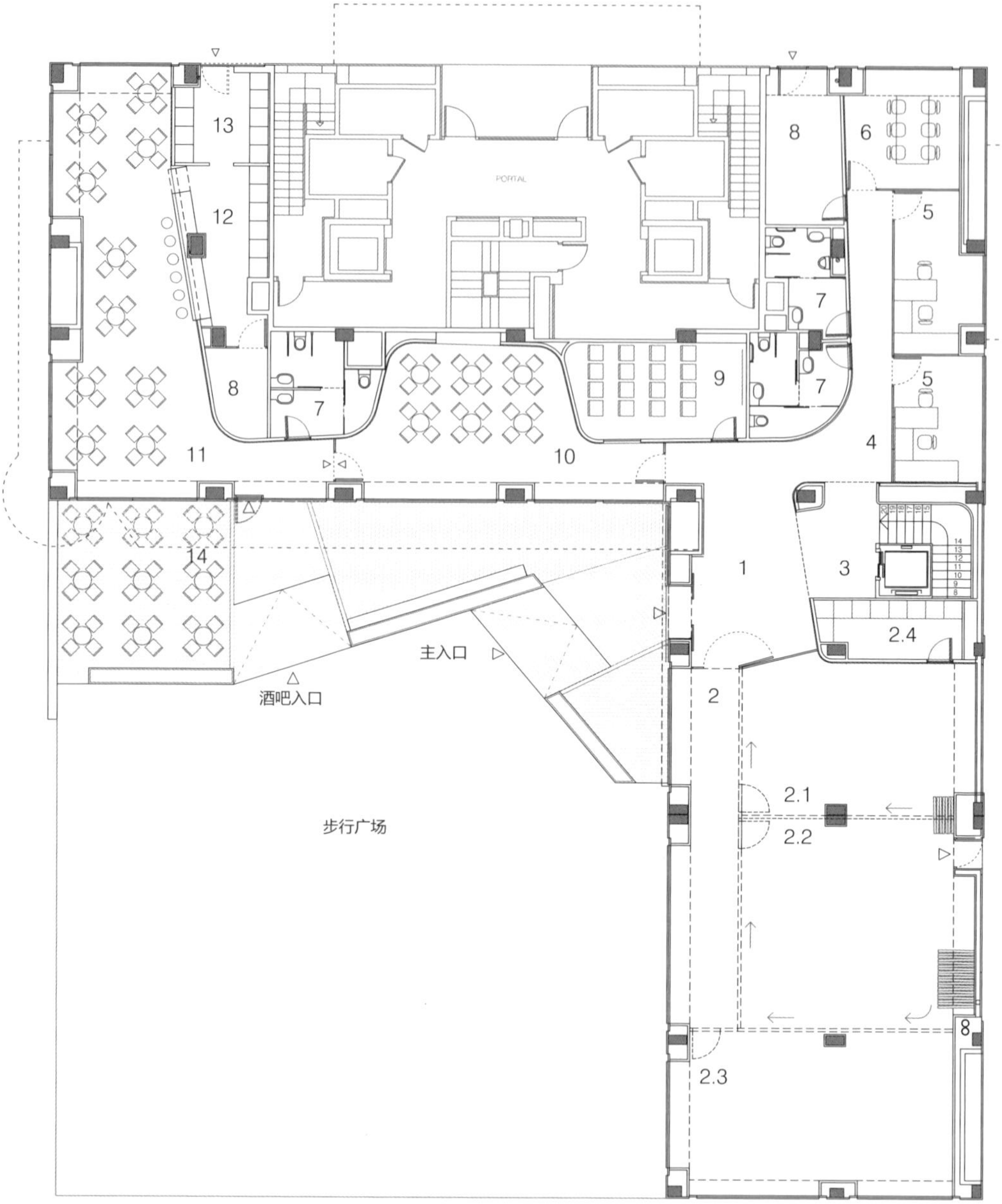

1. 大厅
2. 多功能室
2.1. 多功能室 1
2.2. 多功能室 2
2.3. 多功能室 3
2.4. 办公室
3. 楼梯与电梯
4. 接待处
5. 办公室
6. 会议室
7. 厕所
8. 仓库
9. 电视室
10. 阅览室与娱乐室
11. 咖啡厅
12. 酒吧
13. 厨房
14. 露台

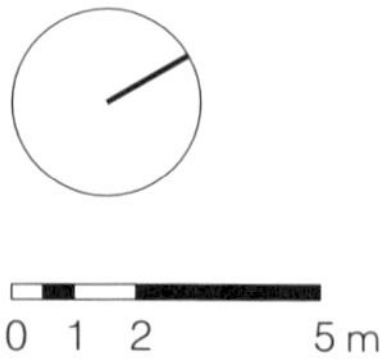

一层平面图

老年中心局部外立面设计采用红砖贴面以增强建筑的传统感

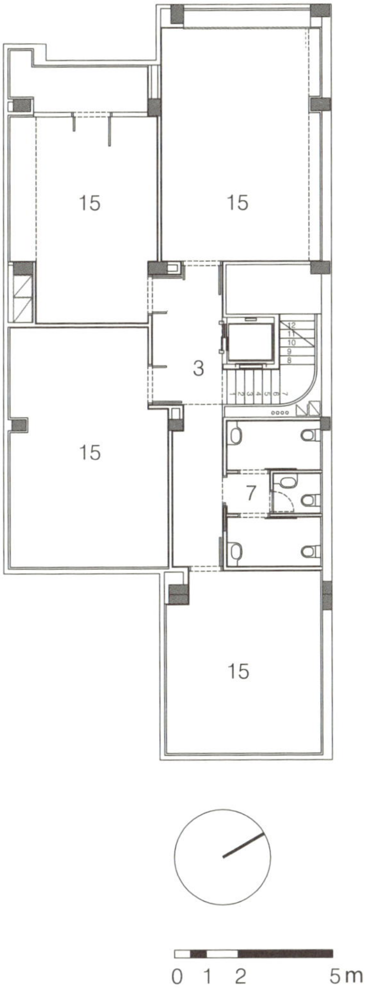

3. 楼梯与电梯
7. 厕所
15. 教室 / 工作室

地下层平面图

CENTRO MUNICIPAL DE MAY

室外休息区利用铺地材质的差异对空间领域进行划分

4.7

丹麦高性能环保房低能耗老年活动中心

项目名称：THE HEP HOUSE – A LOW-ENERGY CENTRE FOR THE ELDERLY
项目设计：C. F. Møller Architects
项目地点：丹麦，斯滕勒瑟
客　　户：Egedal Municipality
建筑面积：462 m²
层　　数：1 层
竣工时间：2009 年
摄　　影：Kontraframe

这座高性能环保房是一座专为老年人开设的活动中心。建筑面积为 462 m^2，于 2010 年正式对外开放，并与周围的独户住宅区融于一体。建筑整体空间布局以一间屋顶高砌的大型公共休息室为中心，四周环设着较小的房间：厨房、暖房、台球室、电脑房、厕所、储藏室、设备间和行政办公室。从 2003 年起，C. F. Møller Architects 建筑事务所和 ALECTIA 工程公司就着手共同研发和设计这座低能耗建筑。该建筑也作为丹麦首批低能耗建筑之一而受到广泛的关注。建筑中央的采暖耗能约为 17 kW·h/m^2，总能耗约为 35 kW·h/m^2，比建筑规范所规定的一级低能耗还低约 1/3。

丹麦高性能环保房低能耗老年中心

通过建筑空间体块的穿插创造自然的室外休息空间

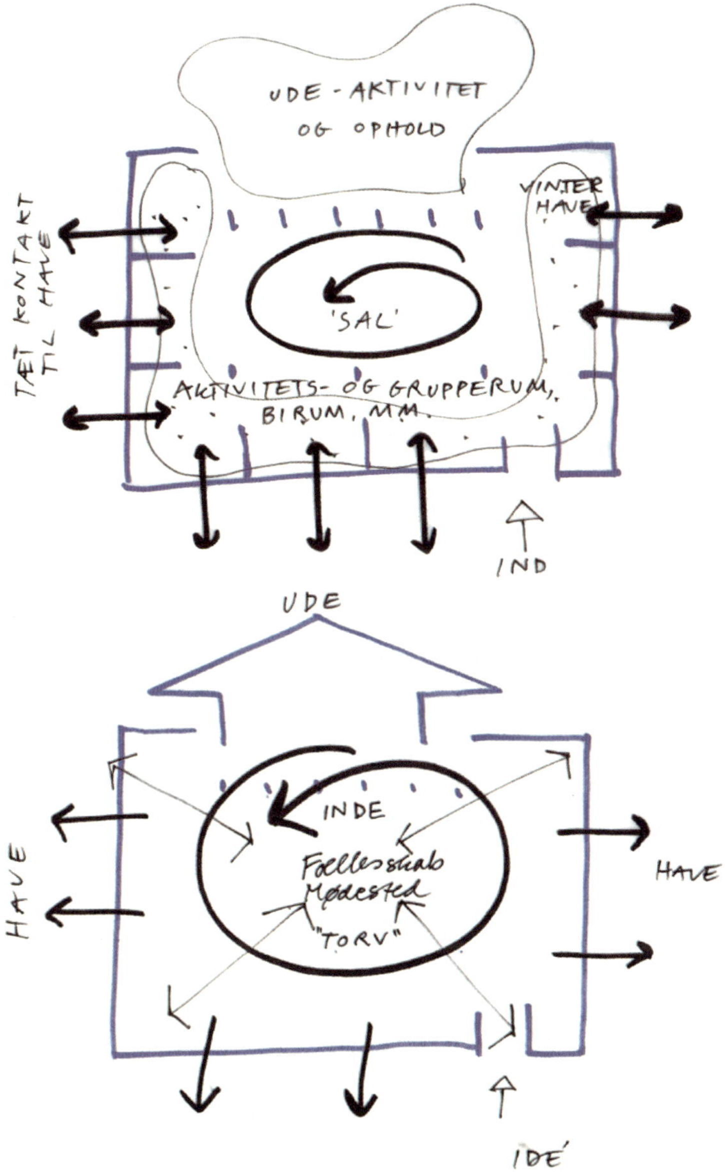

设计概念草图

高性能环保房的低能耗概念

造型：较为紧凑的建筑体块和理想的面积或体积比，减少了整栋建筑潜在的热损失。

朝向：建筑通透敞亮，其朝向考虑到阳光的照射和场地中原有的植物，保证建筑在四季能最大限度地获取自然光线和热量，从而减少了对额外照明和采暖的依赖。

通风：高性能的通风装置，建筑内的每个房间均保持约为 2.0 的换气率。

结构：作为预制墙板体系，建筑的承重框架由 12 mm 厚的钢板构成。自承重的钢壳在建筑内部构筑了连续的隔膜，避免了房基的热损耗。建筑的外饰面由防水混凝土砂浆构成。建筑的整个钢结构体系由 Thermologica A/S 设计研发。

在出入口之间为老年人设置室外休息用的座椅

东立面图

西立面图

自然亲切的砖红色建筑外观营造出以人为本的淳朴感

北立面图

南立面图

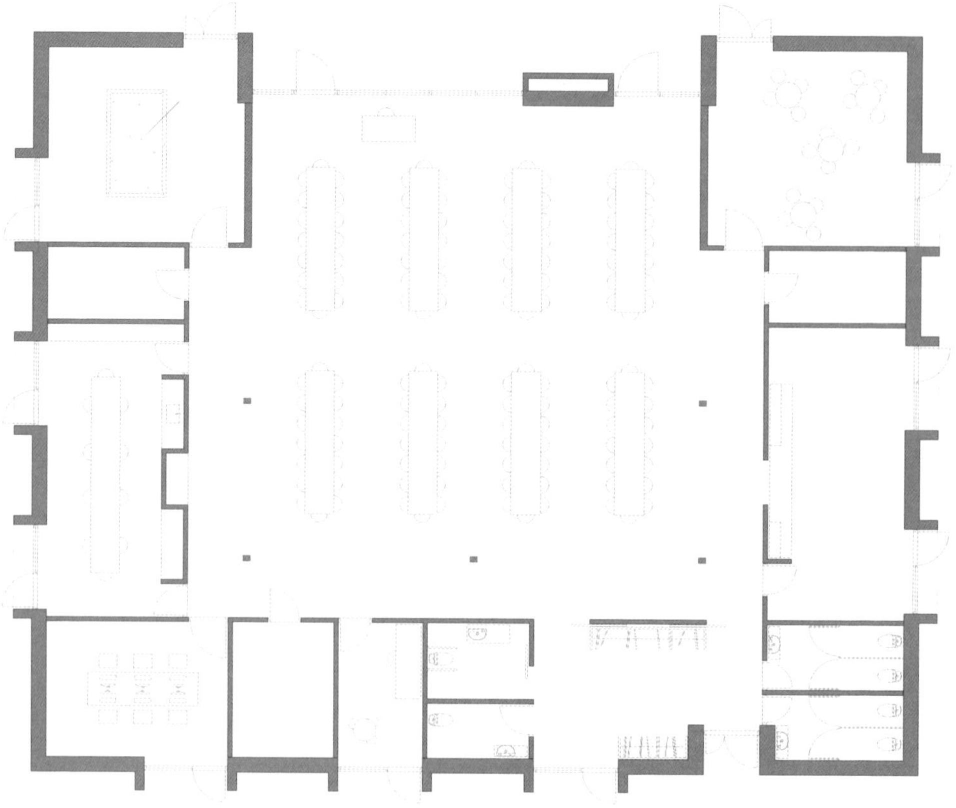

平面图

采暖

由于减少了对额外热量供给的需求，因此建筑并没有安装采暖系统。被动式太阳能和用户自身成为最基本的热源，还能够时常得到预热通风气流的辅助。

低能耗窗户

建筑装设了窗框纤细的特制纤维复合窗，优化了日光透过率。窗户和玻璃的整体表面传热系数小于 0.8 W/(m²·K)，窗户的日光透过率为 0.5，这就大大减少了对电子照明的需求。

隔热

依据被动式节能屋设计标准，所有建筑构件的装配都避免了冷桥现象的出现。墙壁的保温厚度为 350 mm，屋顶的保温厚度为 450 mm，地板的保温厚度为 300 mm。

空气密度

建筑遵循了被动式节能房的设计标准，其空气密度优于现行的建筑标准。

能源供给

地源热泵为额外的采暖和热水需求提供了能源，性能系数高于 3.8。

可再生能源

建筑的房顶安装了 10 m² 的太阳能电池板，每年可以产生 1 400 kW·h 的能源。

老年中心就餐区整体保持简洁、舒适、怡人的设计风格

老年中心就餐区满足老年人之间的日常交流需求

大面积的落地玻璃窗创造室内外交融的空间环境

5 复合型社区养老项目案例

以老年人为主要入住对象的社区，常常会针对不同健康程度的老年人如健康老年人、半自理老年人、全介护老年人等，将相应的老年住宅、老年公寓、老年活动中心、养老院等各种养老设施以及相关配套等组合设计，方便老年人在社区内选择适合自己的养老方式。

5.1

中国北京东方太阳城国际老年公寓

项目设计：北京维拓时代建筑有限公司、美国 SaSaki 事务所
项目地点：北京，顺义区
客　　户：北京东方太阳城房地产开发有限责任公司
建筑面积：830 000 m^2
竣工时间：2008 年
摄　　影：北京维拓时代建筑有限公司

东方太阳城是以老年人为居住主体，按“全新退休生活领跑者”的开发理念进行设计的国内最大的老年社区。位于北京市顺义区王家场村，规划建筑用地 123 ha，总建筑面积 830 000 m^2，分三期实施。

一期建筑面积为 12 530 000 m^2，容积率为 0.67；二期建筑面积为 26 180 000 m^2，容积率为 0.53；三期建筑面积为 45 190 000 m^2，容积率公寓社区为 0.80，独立住宅社区为 0.26。自 2001 年 8 月开始设计建设，至 2008 年 11 月全部交付使用。

中国北京东方太阳城国际老年公寓

规划总平面图

环境优美的开放空间规划布局

东方太阳城位于潮白河畔，地形平坦，向阳临水，生态景观资源丰富，为建设绿色生态社区提供了良好的自然条件。基于场地的自然特性和对老年人生活行为的细致研究，规划设计以“阳光、绿地、水面”为主题，采用开放空间的规划结构，各类建筑按功能与造型的差异归类集中，形成 7 个主要的社区组团，以岛式布局的手法散布于基地中。由于基地远离市区，没有通常的市政条件，规划设计利用绿色生态手

段，结合地势，设计了近 160 000 m^2 的水体，起到雨水的收集与排放、防洪调蓄、改善小气候的作用。通过规划布局后，绿地、水体、居住组团互相分隔、包绕、穿插，空间元素呈现相互开放的结构形态，保证充沛的阳光、流通温润的小气候环境及良好的视觉景观。为使人与阳光、空气、水体、绿地最大可能地亲和，采用低密度开发，规划设计与景观设计、水体设计密切配合，将开放空间的规划思路延伸到社区组团内部的布局，形成由公共领域向私密空间逐级过渡的空间体系，有效保证老年社区的环境品质。

规划设计与景观设计水体设计密切配合

板式公寓正立面图

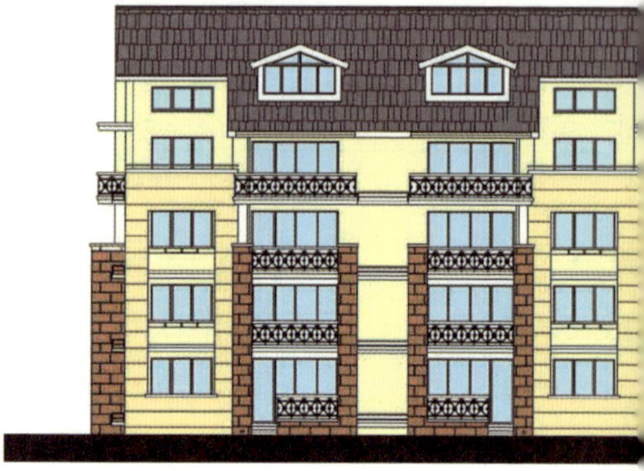

点式公寓南立面图

系统的绿色生态设计和适度生态技术的运用

东方太阳城重视绿色生态设计，运用适度的生态技术在雨水收集管理、废水处理、浅层地热能源利用、利用植被水体调节、改善小气候等方面，形成系统的生态设计。

在雨水管理方面，不设管道排放系统，雨水排放与消纳以景观水体为最终蓄水体，通过自然植被，带状绿化截污带、浅沟等措施，回渗地下，截污、截流、削减地表径流量。水体岸线按水流扩张区、缓冲区、静水区的要求设计，促进水体循环。池岸局部地段修建近岸生态岛，通过植物种植和微生物生态处理，达到自然净化功能。对水体溢洪口和排洪渠进行合理设计，充分发挥水体的调蓄容量。

生活给水来源于自打深井，经水箱自洁器消毒处理后供小区生活用水，生活污水经管道系统集中至中水站（一、二期工程共用），设计规模 1 700 m^3/d，经过两级接触氧化处理后再经滤水器，达到《城市污水再生利用　景观环境用水水质》GB/T 18921 的要求，再经人工土壤（约 667 m^2，1.5 m 深）及作为过滤作用的植被（主要是芦苇和菖蒲）渗透净化，去除残余的氮、磷等污染物，提高景观水体的水质。未经此步处理的中水直接用于道路与绿化浇水。从而节约了大量地下水资源，雨水经透水砖和低于道路的绿地有效地入渗而涵养了地下水，维护了自然水循环的平衡。

在地热能源利用方面，一、二期工程中公寓、联排住宅和所有公建项目均采用井水源热泵技术，并采用回灌措施减少地下水消耗，避免地下水污染。独立住宅全部采用土壤源热泵技术，所有建筑物为地板低温辐射采暖。以独立住宅为例，每栋住宅采用一套法国 CITA 的土壤源循环冷暖系统，末端方式夏季为风机盘管制冷，冬季为风机盘管和地板辐射式采暖送热。经测试系统的热温度全年稳定，其制冷制热系数可达 3.5~5.1，较传统空气源热泵高出 40%；运行费用为普通空调的 50%~60%，夏季室温达 24~26℃，冬季达 20~24℃。

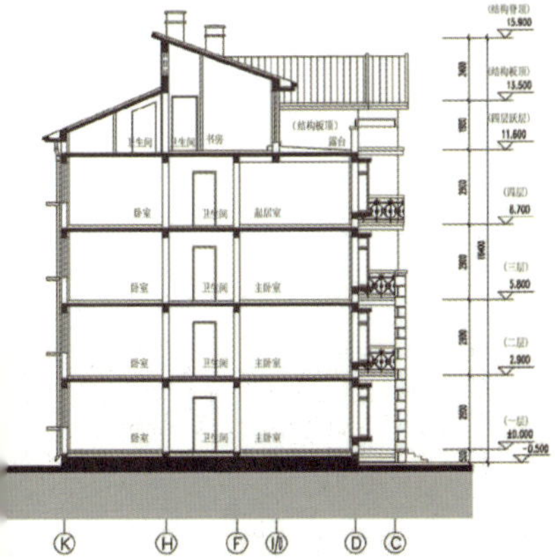

板式公寓剖面图

点式公寓东立面图

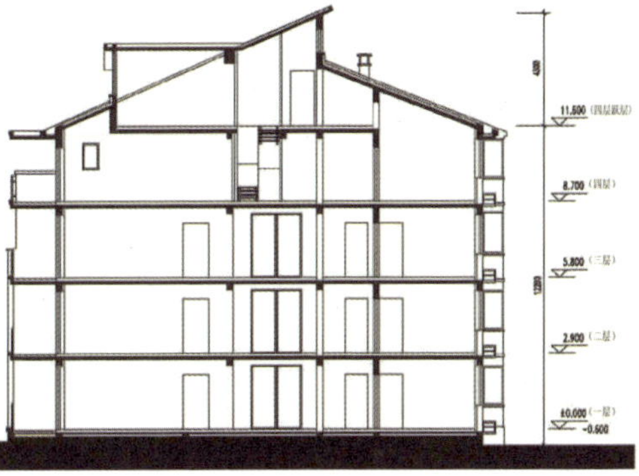

点式公寓东剖面图

建筑整体外观设计风格统一

老年公寓鸟瞰效果图

细致周到的无障碍设计和环境可识别性的设计

针对老年人社区特点必须突出环境可识别性与无障碍设计。在总体规划中，不同社区组团功能内涵有所差异，规划布局形态随地段地形变化或自由或规整或纵向狭长布局或呈团块布置，组团布局的差异化有效提高了社区可识别性，并对主要道路进行景观序列化设计，道路、铺砌，小桥、景观湖、特色苗木、

公共建筑均成为场所行进路径上的地标。交通系统大量采用曲线以减缓车速，在人车混合、交叉的区段设置标志，提高了老人出行的安全性。在建筑设计方面，所有公共建筑均按无障碍要求设计，4 层公寓均设电梯和单元入口坡道。联排和独立住宅中，首层设置父母主卧，室内地坪不设置高差，卧室门宽 1.0 m，厨卫门宽 0.9 m，便于老年人出入。

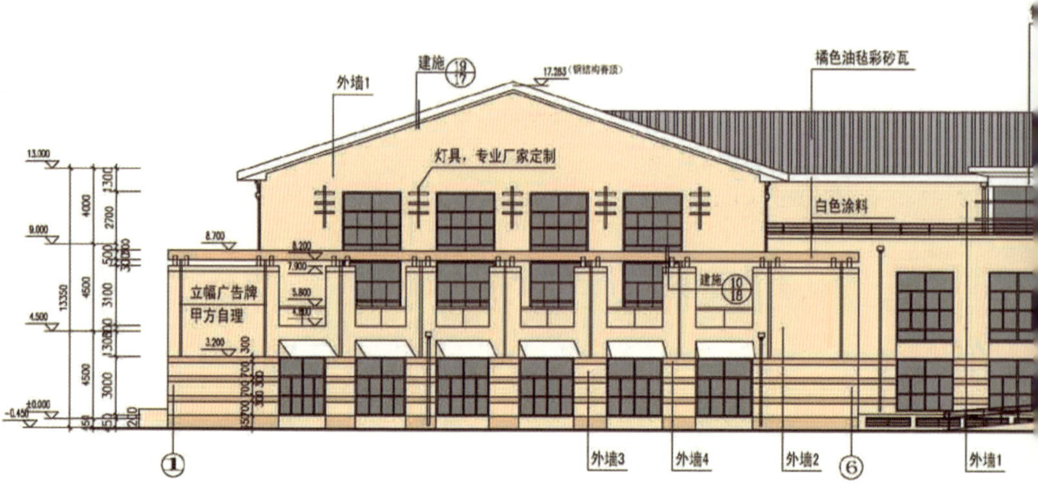
外墙1
建施 19/17
17.283（钢结构脊顶）
橘色油毡彩砂瓦
灯具，专业厂家定制
白色涂料
立幅广告牌
甲方自理
建施 10/18
13.300
9.000
4.500
±0.000
-0.450
8.700
8.200
7.900
5.800
3.200
外墙3
外墙4
外墙2
外墙1
①
⑥

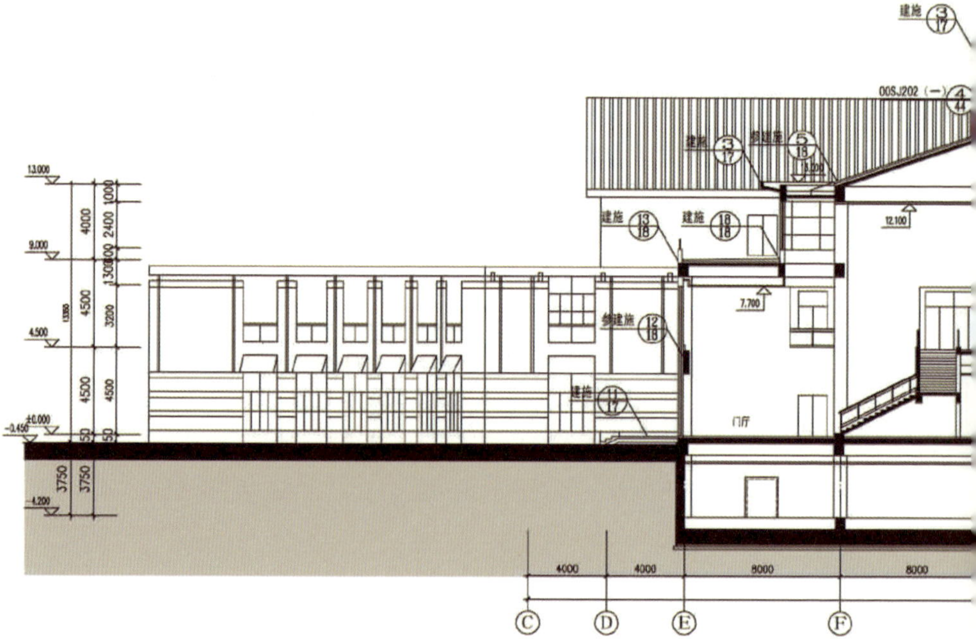
建施 3/17
00SJ202（一）4/44
建施 13/18
建施 18/18
建施 12/18
建施 11/17
12.100
7.700
门厅
13.000
9.000
4.500
±0.000
-0.450
-4.200
4000
4000
8000
8000
C
D
E
F

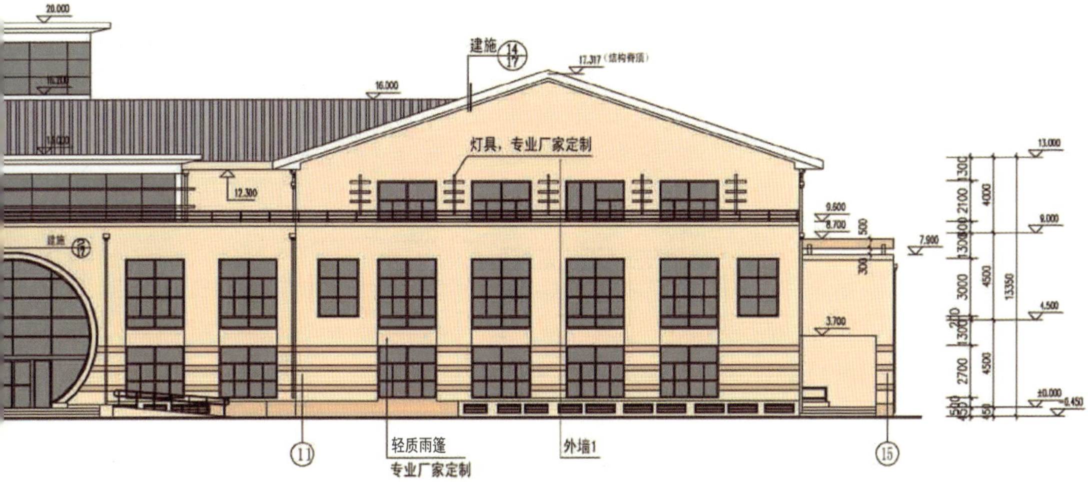

社区中心南立面图

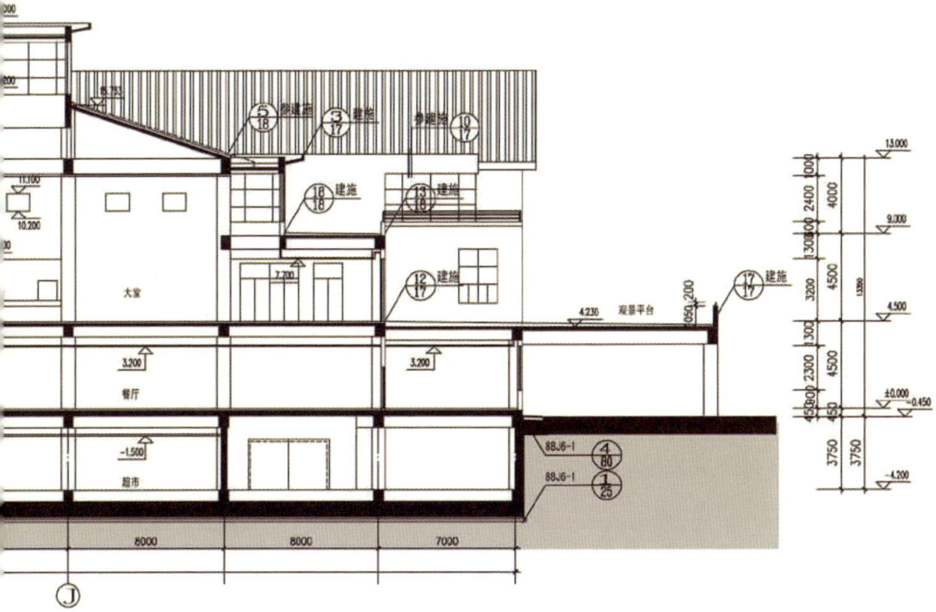

社区中心剖面图

30 CAR STRUCTURED PARKING
OFF.
SERVICE LOADING
LOWER LOBBY
BUILDING STORAGE
ELEC. ROOM
AIR INTAKE
MACH.
SUPER-MARKET STOR. & OFF.
6 LANE BOWLING ALLEY
MECH. ROOM
PARKING
DROP-OFF
POINT OF SALE
SUPERMARKET
ARCADE
KITCHEN
SNACK
T.
T.
LOUNGE
RESTAURANT
PRIVATE DINING
RETAIL
BAR. RETAIL
PLAZA
LOADING
OFFICE & SERVICE
POST OFFICE
OFF.
GROUND LEVEL PLAN
BOOK STORE
SERVICE
BOUTIQUE RETAIL
BOUTIQUE RETAIL
SERVICE
FOOD PREPARATION
COFFEE/BAR
BOLLARD W/ CHAIN
RAMP DOWN
PARKING
ACT. RM.
T.
T.
ACT. RM.
STOR.
ACT. RM.
AUDITORIUM LECTURE
ACT. RM.
DAY-CARE
ROOF-TERRACE CHILDREN'S PLAY AREA
FARMERS' MARKET

VIEW FROM RETAIL GALLERY

NOTE: TRELLIS & OTHER LANDSCAPING ELEMENTS OMITTED FOR CLARITY

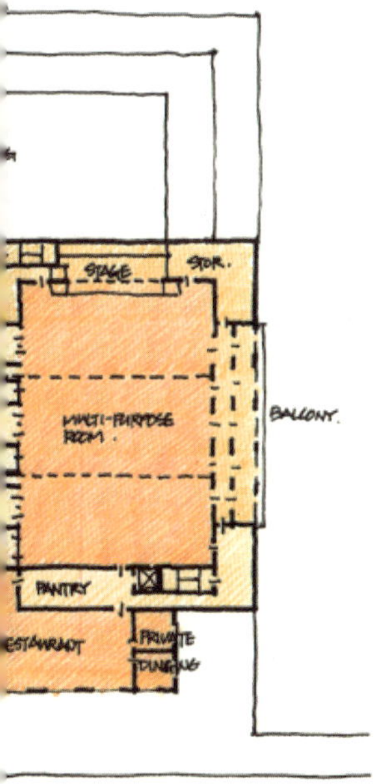

SECOND LEVEL PLAN

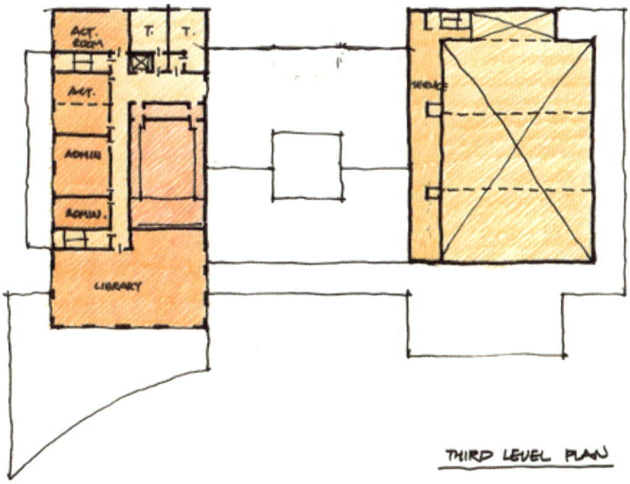

THIRD LEVEL PLAN

适应老年生活的住宅户型设计

住宅类型覆盖范围广泛。针对不同收入阶层的老年人，设计了公寓、联排住宅、独立住宅等不同类别，户型面积从一居公寓 70 m^2 到 500 m^2 独立住宅，形成级差完整的系列设计。

公寓户型舒适性与经济性统一。起居室开间除为一居室为 3.6 m 外，其余户型均大于等于 3.9 m。主卧室的开间均大于等于 3.6 m，户型布局紧凑，二居室的面积在 95~102 m^2 的范围内，小三居室的面积为 125 m^2，南北双厅，三卧二卫，并设有带小卫生间的工人房，性价比高。

对老年住宅形态进行积极探索

公寓设有工人房（小户型除外），便于空巢型家庭老年人病弱后的护养，平时作储藏室或其他家务

外观实景 1

空间。联排和独立住宅首层设有南向双亲主卧，带独立卫生间，联排住宅设计了内院，有利通风。二层露台南面增设活动百叶门，形成空中庭院，为老年人提供户外活动空间。

立面造型

公寓采用自由组合的坡屋顶造型，平实而又不显拘谨。针对老年人视网膜黄斑化对黄色敏感的生理特点，外立面装饰运用浅黄、砖红等柔和而醒目的涂料。联排住宅以坡顶为主，平坡结合。独立住宅采用四坡屋顶。

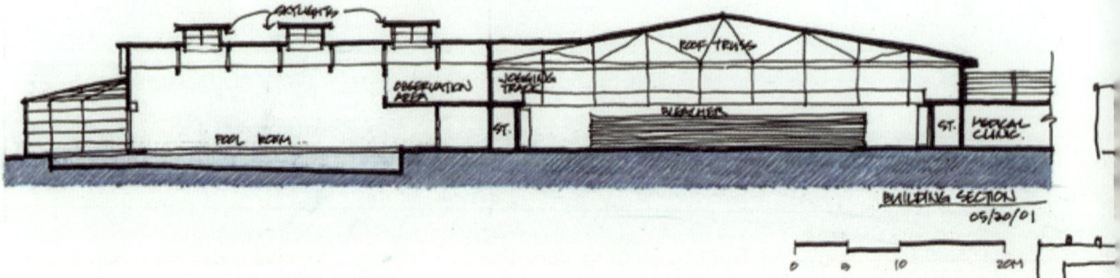
SKYLIGHTS
ROOF TRUSS
OBSERVATION AREA
JOGGING TRACK
BLEACHER
POOL ROOM
ST.
ST.
MEDICAL CLINIC
BUILDING SECTION
05/20/01

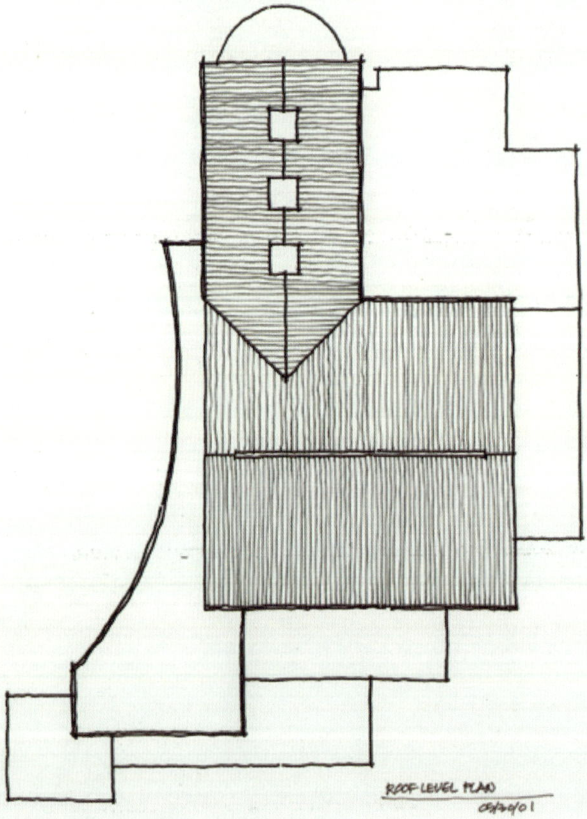
ROOF LEVEL PLAN
05/20/01

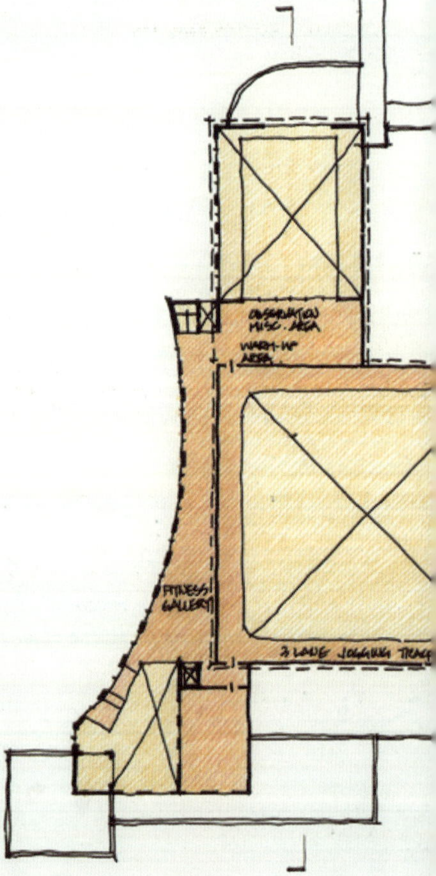
OBSERVATION MISC. AREA
WARM-UP AREA
FITNESS GALLERY

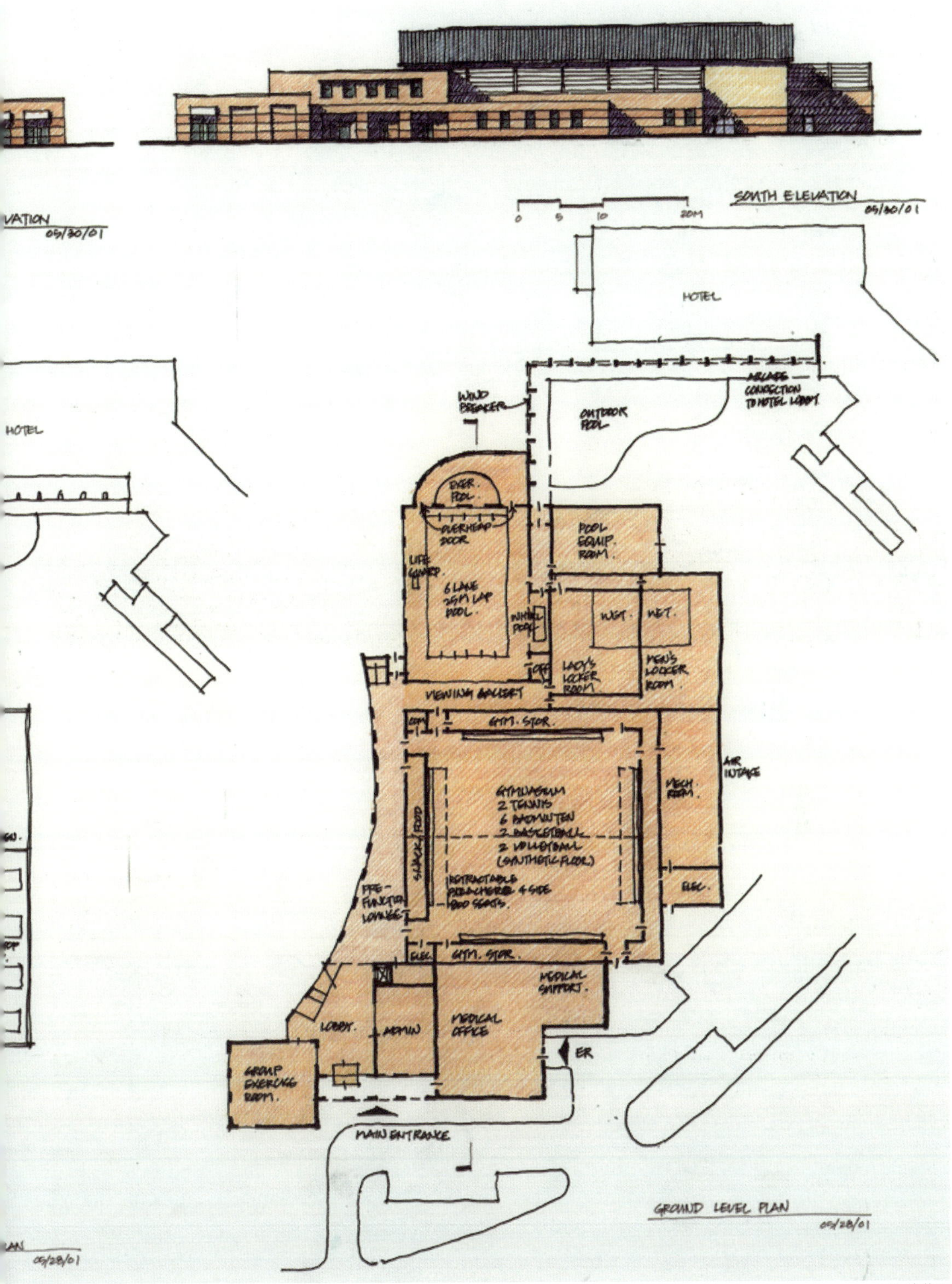

SOUTH ELEVATION
05/30/01
0 5 10 20M
HOTEL
HOTEL
WIND BREAKER
OUTDOOR POOL
ARCADE CONNECTION TO HOTEL LOBBY
EXER. POOL
OVERHEAD DOOR
LIFE GUARD
6 LANE 25M LAP POOL
WHIRL POOL
POOL EQUIP. ROOM
WET
WET
LADY'S LOCKER ROOM
MEN'S LOCKER ROOM
VIEWING GALLERY
GYM. STOR.
GYMNASIUM
2 TENNIS
6 BADMINTON
3 BASKETBALL
2 VOLLEYBALL
(SYNTHETIC FLOOR)
RETRACTABLE BLEACHERS 4 SIDE 800 SEATS
SNACK/FOOD
PRE-FUNCTION LOUNGE
MECH. ROOM
AIR INTAKE
ELEC.
ELEC.
GYM. STOR.
MEDICAL SUPPORT
LOBBY
ADMIN
MEDICAL OFFICE
ER
GROUP EXERCISE ROOM
MAIN ENTRANCE
GROUND LEVEL PLAN
05/28/01

设计草图

外观实景 2

外观实景 3

从落地窗望出的实景

完善的服务配套设施

公共服务设施集中，中心社区位于全区核心位置，总建筑面积近50000㎡，围绕中央水景呈集群布置。直径达120 m的圆形人工湖，周边是宽敞的亲水步行道，中央水景正北是服务设施完善的社区中心，首层有超市、精品店和各式餐厅，二层为中心大堂、多功能厅、图书馆、活动室，三层为小多功能厅及各类活动室；水景东是健身中心，有室内综合球馆、游泳池、健身房及保龄球馆；正西为零售中心，是银行、邮局，零售，服务，饮食集中区。3幢短期度假式酒店公寓和约8 300 ㎡的旅馆，为来此参加各种老人节的外地老年人提供多种形式和价位的住宿设施。除中心社区外，各居住社区内均配建小型的服务中心。

5.2

中国张家港市
澳洋优居壹佰老年公寓

项目设计：清华大学建筑学院周燕珉居住建筑设计研究工作室
项目地点：中国，江苏省，张家港市
客　　户：江苏澳洋养老产业投资发展有限公司
建筑面积：55 951 m²
层　　数：15 层
竣工时间：2015 年
摄　　影：清华大学建筑学院周燕珉居住建筑设计研究工作室

本项目的设计初衷是希望老年人入住到养老设施后，尽量保持正常的生活能够延续。设计师希望老年人在养老设施中得到的不仅仅只是护理服务，而是实现以往生活中那些与家人团聚、上街购物、散步遛弯儿等普通而实际的需求。老年人离开家，入住到养老设施中，并不意味着老年人的正常生活要被终止，而应该是另一种崭新生活的开始。

本项目位于江苏省张家港市的东北角市郊。综合前期调研和当地经济条件，将本项目的客户群不仅定位于需要护理的老年人，而且定位于身体尚健康的富裕老年人，为他们提供丰富、充足的日常生活配套。因此，本项目整体定位为一家综合型的中高端养老设施。

中国张家港市澳洋优居壹佰老年公寓

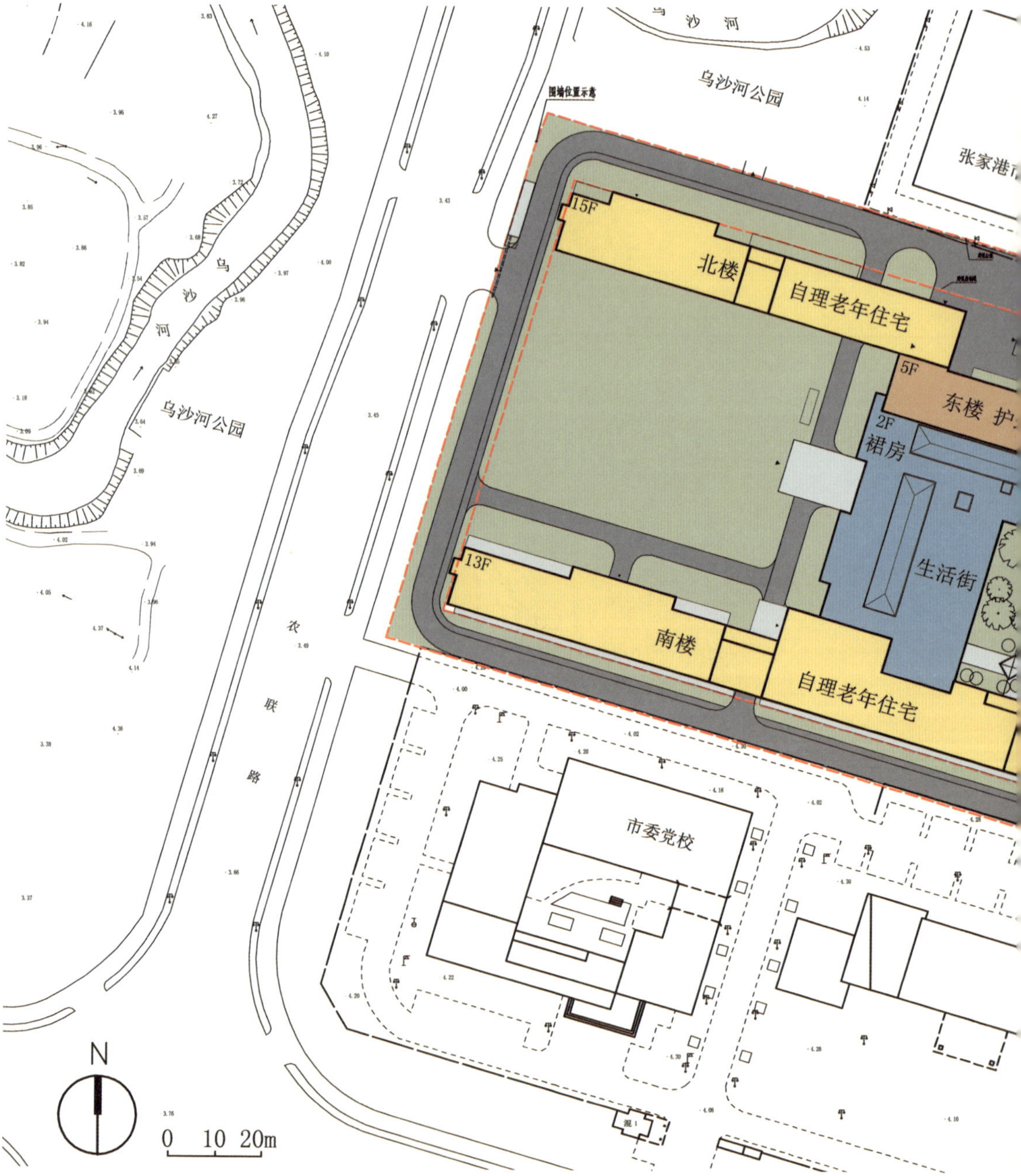
乌沙河
乌沙河公园
围墙位置示意
张家港
乌
沙
河
乌沙河公园
15F
北楼
自理老年住宅
5F
东楼 护
2F
裙房
生活街
13F
南楼
自理老年住宅
农
联
路
市委党校
N
0 10 20m

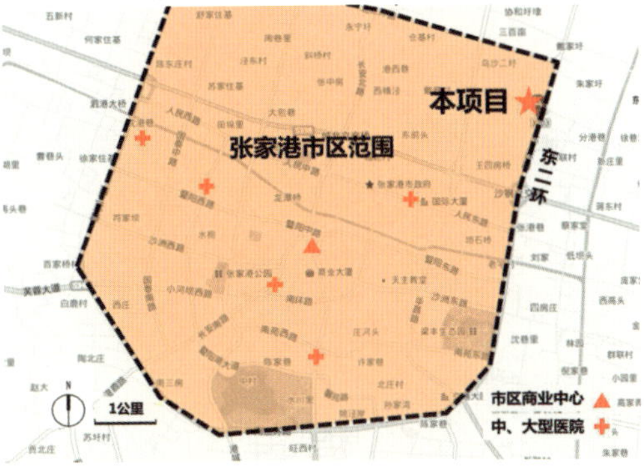

区位图

在总体布局上，自理老年人和护理老年人的居住空间分设为 3 个部分：北楼、南楼两个高层部分，是自理老年住宅，以一室户、两室户为主；东楼是 5 层的护理老年公寓，主要包括护理型的双人间和四人间，以及相应的护理服务空间。这 3 个部分均可与中部裙房相连，裙房中设置为老年人日常生活配套空间，配有丰富的公共活动与服务空间，成为一条充满活力的“生活街”。

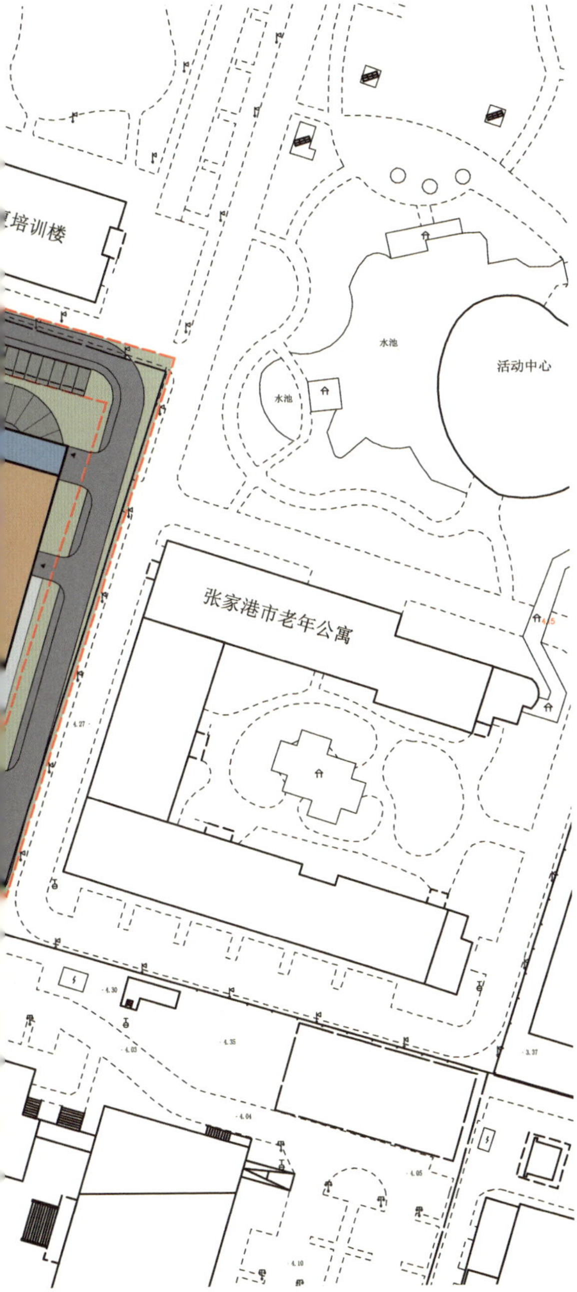

总平面图

整体效果图

立面实景

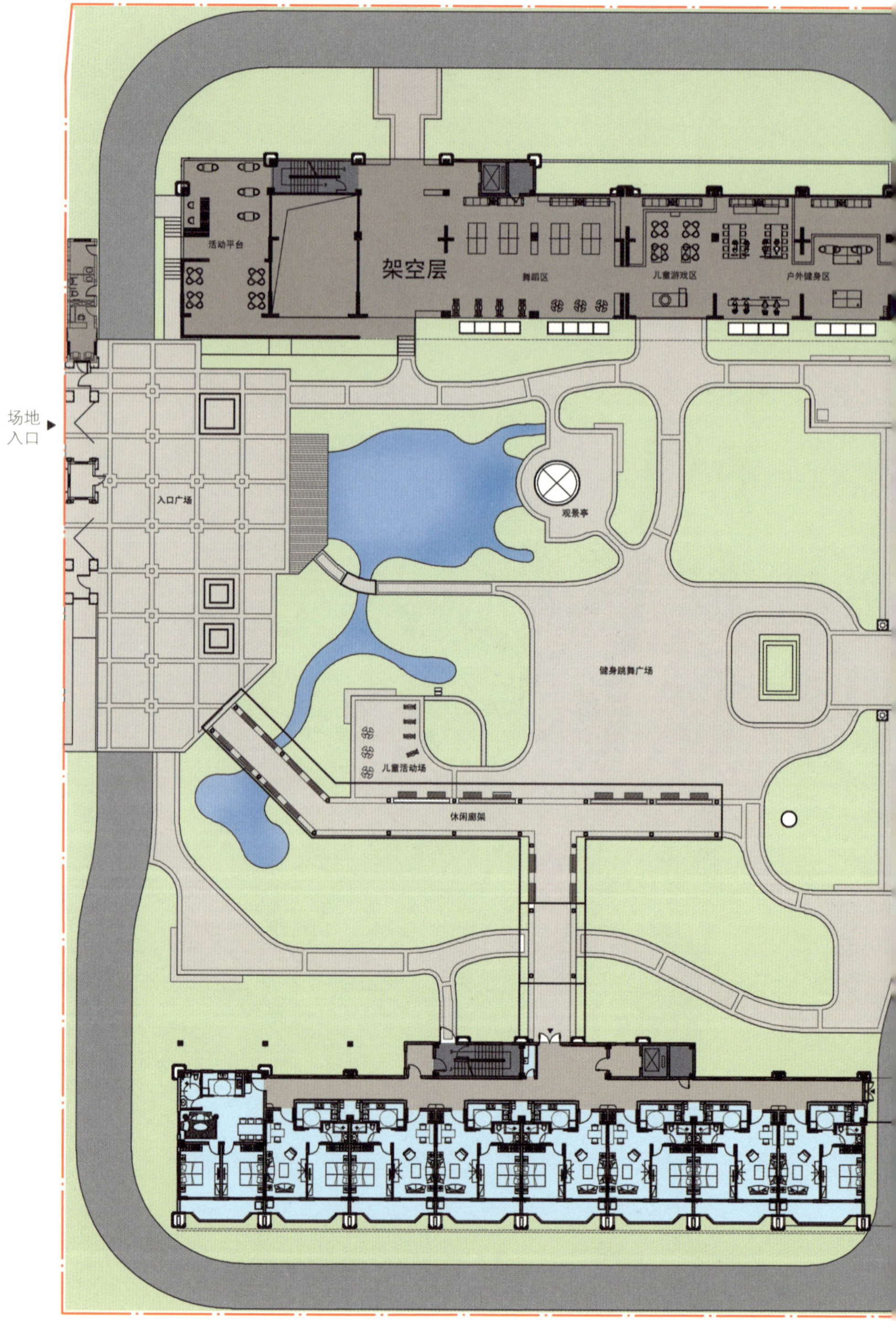
架空层
活动平台
舞蹈区
儿童游戏区
户外健身区
场地
入口
入口广场
观景亭
健身跳舞广场
儿童活动场
休闲廊架

车库出入口
北
货物入口
医疗入口
办公/值班
门厅
门厅
放射
牙科
医生办公室
化验
门厅
急诊室
点滴室
处置室
医务室
护士站
治疗室
办公室
超市
诊室
诊室
心电图
挂号收费
取药
电梯厅
理疗室（地暖）
理发店
阅览室
药库
医疗后勤入口
接待室
接待室
生活街
消防控制室
保洁间
备餐间
茶室
保健康复
门厅
棋牌室
儿童游戏区
戏曲室
舞蹈室
生
活
街
餐厅
内庭院
教室
多功能厅
储存室
调音室
门厅
开放展区
开放展区
后勤入口
电梯厅
门厅
影视教室
KTV
KTV

一层平面图

室外景观

老年公寓入口

风雨走廊

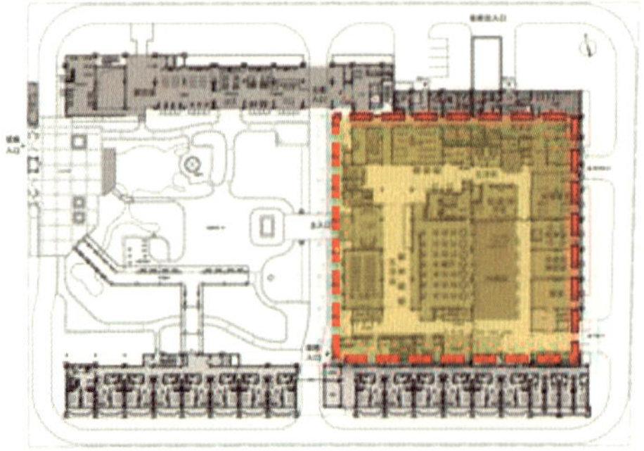

设计特色 1：设置满足老人日常生活所需的生活街

创造具有活力的“街道”空间

在既往调研中观察到，很多老年人的一项重要日常活动是上街购物，老年人喜欢徘徊在街道中的一个个商店之间，产生自发的购物和交往行为。因此，将公共活动和服务空间设计为一条配套丰富的生活街，沿街设置了餐饮、集会、接待、售卖、休闲、医疗、保健等一系列功能空间，并且在立面造型上取得丰富的“室外街道”效果，创造出一个富有活力的生活、交往场所。另外，将生活街设置为上设天窗的两层通高空间，也为体量较大的裙房内部争取到良好的采光与通风。

设置适合于全家共享的多样功能

希望老年人在养老设施中的生活并非孑然一身，而是经常有家人的陪伴。因此，生活街不仅要满足老年人的日常生活所需，而且要能够为老年人的全家所共享，以促进老年人的亲属经常来看望老年人。在内庭院中设置了儿童游戏场地，为孩子提供了一个玩耍空间，并将场地靠近餐厅和茶室设置，利于老年人及其亲属在就餐、喝茶时，孩子能够方便地得到照看，使他们安心地进行团聚。另外，通过设置教室，能够让亲属陪同老年人一起听取养生、健身方面的课程；通过设置小超市，能够为老年人和亲属提供共同购物的机会。

贯通室内的 " 回 " 字形散步道

为了锻炼身体，很多老年人都有每天散步的习惯，可是在阴雨天或寒冷的冬季，户外散步会变得困难与危险。因此，将生活街与内庭院连通，并在内庭院的人行道上设置风雨走廊，形成一条室内化的“回”字形散步道，以供老年人在天气不好时依然可以进行散步活动。

烘托温馨而热闹的购物氛围

为了满足老人的消费需求，营造良好的购物氛围，在生活街中设置了药店、手工艺品店和餐厅的外卖窗口等。将生活最必需的超市置于最为显眼的生活街转角处，并且在超市对面设置了灵活可变的临时售卖摊位，将转角空间打造成为一个温馨而热闹的小型购物广场。

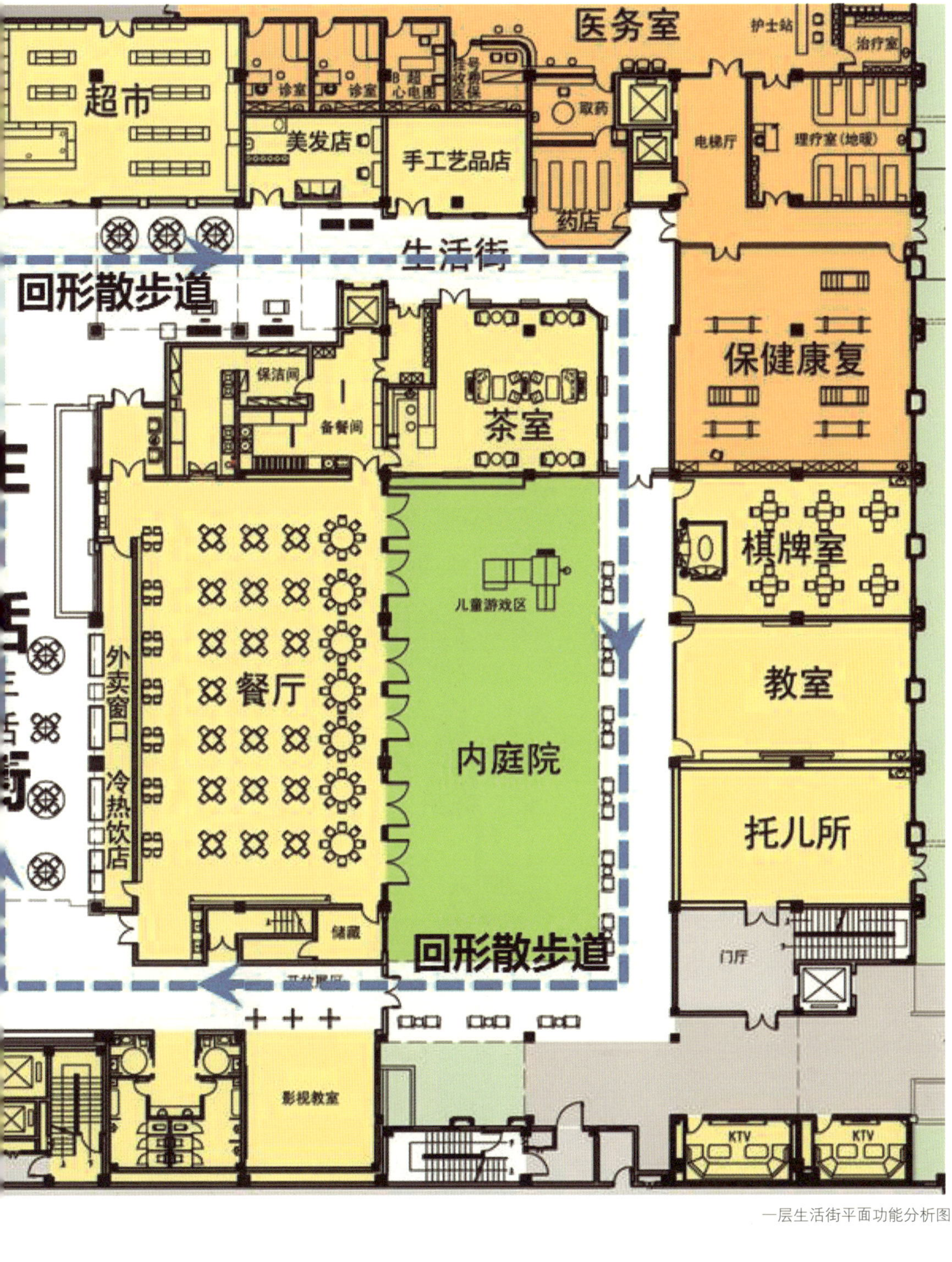

一层生活街平面功能分析图

老年公寓“生活街”1

老年公寓“生活街”2

老年公寓“生活街”3

公共餐厅

咖啡厅

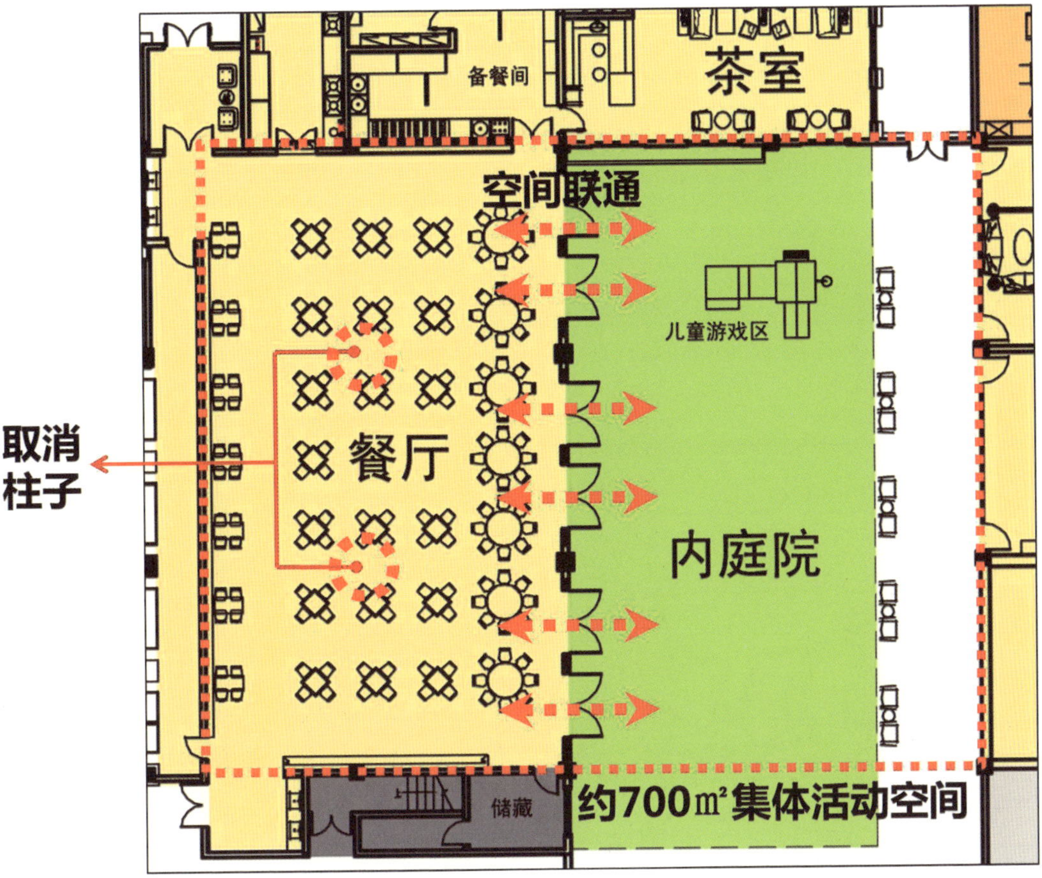

公共餐厅与内庭院空间连通分析图

设计特色 2：将空间连通以便于开展大型集体活动

除了日常的个人生活外，院方也希望适当组织老年人进行集体活动，例如新年联欢会、重阳节晚会、全院大会等。因此，在养老设施中，设立一个大型的开敞活动空间十分必要。经过测算，入住老年人、亲属以及工作人员的数量，最多时可能达到 600 人左右，如果按照每人占用 1.2 m^2 面积计算，大致需要一个 700 m^2 的大型空间。不过，大型集体活动毕竟不是经常举办，如果专门设置一个较大规模的会堂很可能因空间利用率不高而造成闲置和浪费。

最终，将餐厅、内庭院进行连通设计，来解决举办全院级别集体活动的问题。在餐厅面向内庭院的一侧设置了多个落地门窗，当需要连通时，可将门全部打开，使两个空间融合在一起，形成一个约 700 m^2 的集体活动空间。另外，大型集体活动空间的内部不宜设有柱子，否则会影响视线的贯通和空间的开敞灵活。经过结构计算后，将餐厅内原设计的两根柱子取消，使餐厅空间得到最大程度的释放。

多功能厅

水疗池

设计特色 3：根据入住率和老人兴趣灵活调整公共空间

养老设施开业初期，预计入住的老年人数量并不会很多，公共活动空间所需要的面积也不会太大。因此，将必有的一些公共空间集中设置在生活街一层靠近主入口的区域，以便在老年人入住不多的情况下也能形成相对热闹的氛围。而为了满足将来老年人入住饱和时的配套需求，在生活街的二层西侧也预留了公共空间。

另一方面，不同群体的老年人所喜爱的公共活动内容也有所不同。因此，部分公共空间应该满足多种功能，可以灵活地根据入住老年人的兴趣来进行配置。为了这一目标，将公共空间设置得相对开敞，其次在每个公共空间中均配置了用水点，避免在空间尺度和设施设备上有碍活动的开展。以生活街一层东侧的公共空间为例，它们可以根据老年人的需要作为教室、手工室、陶艺室、托儿所、棋牌室等功能空间使用。

设计感想

养老设施的建筑设计不仅要符合经济、实用、美观的要求，还需要设计者应更进一步地去体会老人生活的多样化需求，深入研究老年人的生活状态。一个好的养老设施除了要为老年人提供身体上的舒适照料环境外，还应能给老人带来精神层面的愉悦，使老人能够尽量保持原有生活的延续，这样才能营造出一个真正具有亲切生活气息的高品质的养老环境。

5.3

日本
银座东方太阳城

项目名称：SUN CITY GINZA EAST
项目设计：Perkins Eastman
项目地点：日本，东京市
客　　户：Half Century More Co.
建筑面积：39 669 m²
层　　数：32 层
竣工时间：2006 年
摄　　影：Milroy and McAleer Photography

Perkins Eastman 建筑事务所领衔担纲日本银座东方太阳城的设计工作。这是一座位于东京闹市区的老年社区，共有 32 层。作为日本首批高层延续性护理社区之一，该建筑出色地履行了日本老年护理革命的引领者 Half Century More 所倡导的理念，将其在东京和大阪郊区创立的高标准老年公寓的设计和护理工作引入了城市的中心。

这座 39 669 m^2 的建筑围绕一座 6 层的裙楼布局，上设 26 层的塔楼。裙楼在街角处设有 2 层公共空间，上面的住宅单元拥有 134 个特殊护理室。裙楼两端双倍和 4 倍高的挑高空间动感十足，并朝向熙熙攘攘的街道，将各种生活环境联系在一起。塔楼在 24 个楼层设立了 276 间独立的公寓，最上方的两层则是 Harborview 酒店和银座酒吧。

外观实景

入口处

区位图

为各个居住楼层创造尽可能丰富的视野是建筑设计的重要目标之一。每层平移出 3 块矩形的楼面板而排列成的特有结构，使得每一个套间都拥有向外眺望的空间。

建筑的室内设计出自于 Barry 设计事务所之手，充分考虑了居民追求精致生活的品位，奢华而有度的材料选择、精心雕琢的细节之处，营造出适合社区顾客群体的独特氛围。本项目极具现代西式风格，将人居环境与各种康乐设施完美地融于一体，包括一个室内游泳池、按摩浴缸和水疗浴场、一个壮观的 ofuro（一种日本洗浴设施）、一座 2 层的图书馆、休息室和台球室。

居住者可以选择在由彩色玻璃围合的三层烧烤露台或者顶层的海景饭店和银座酒吧就餐。遍布建筑的玻璃灯饰提供的自定义灯光不仅起到装饰的作用，而且还考虑到居民对高质量照明区域的特殊视觉需求。以配色方案为特色的特选纤维织物给人一种安逸感。大厅内铺设的大理石地板、枝形玻璃吊灯和随处可见的原创艺术品所构造的居住环境，超越了老年生活设施的标准模式。

两层通高的餐厅为老年人提供舒适愉悦的就餐环境

电梯厅内富有艺术效果的装饰设计可以增强老年人对空间的认知体验

极具艺术体验的高档就餐空间

游泳池

富有艺术感的洗漱空间设计

为老年人提供富有现代感的休闲娱乐空间

5.4

美国湖上圣约翰养老社区

项目名称：ST. JOHN'S ON THE LAKE
项目设计：Perkins Eastman
项目地点：美国，威斯康星州，密尔沃斯市
客　　户：St. John's　Communities Inc.
建筑面积：20 438.7 m²
层　　数：21 层
竣工时间：2011 年
摄　　影：Chris Barrett

湖上圣约翰社区将都市生活与前卫设计融合到独立的养老院设计中。本项目的养老服务理念强调全身保健、健康生活，以及可促进不同辈人之间相互交流的多功能空间环境设计。在 2011 年夏天竣工的新圣约翰大楼共 21 层、88 个单元，每个房间都可饱览湖区景色，住客和来访者可以一览养老院的周边环境。住宅单元面积从 101.45 m² 至 200 m²。

建筑坐落于密歇根湖湖岸处的密尔沃斯市市中心，新建筑从其水岸位置的天然环境中获得设计灵感，全部使用再生材料，建筑与环境融为一体。作为位于 North Prospect 大街的现有园区的扩展建筑，新大楼延续了圣约翰社区为老年人提供长期健康及院舍管理的养老服务。

美国湖上圣约翰养老社区

社区湖景

有效的前瞻性解决方案

建筑空间的多功能性呈现在变化多样的立面设计上：咖啡厅和长廊的立面多采用落地玻璃窗，各个住宅单元则采用统一且富有变化的立面特征。

建筑包含 7 种典型户型，外加精心设计的标志性顶层公寓，所有的住宅都采用开放式楼层布置，设计通过营造多种户型，让居住者营造一种类似“家”的感觉。而为居住者预留的空间定制服务更强化了圣约翰养老院标榜的“以人为本”的设计理念。

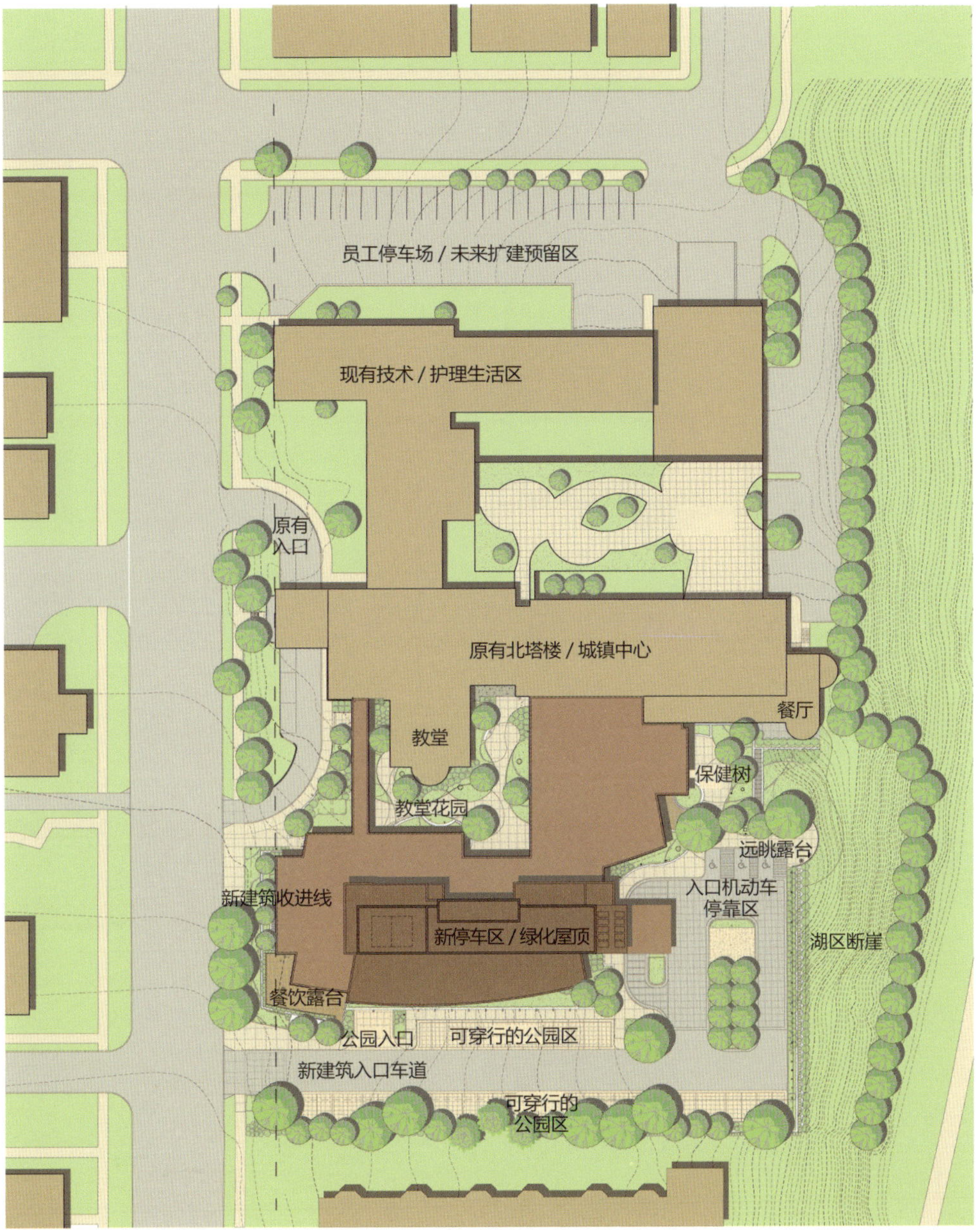

总平面图

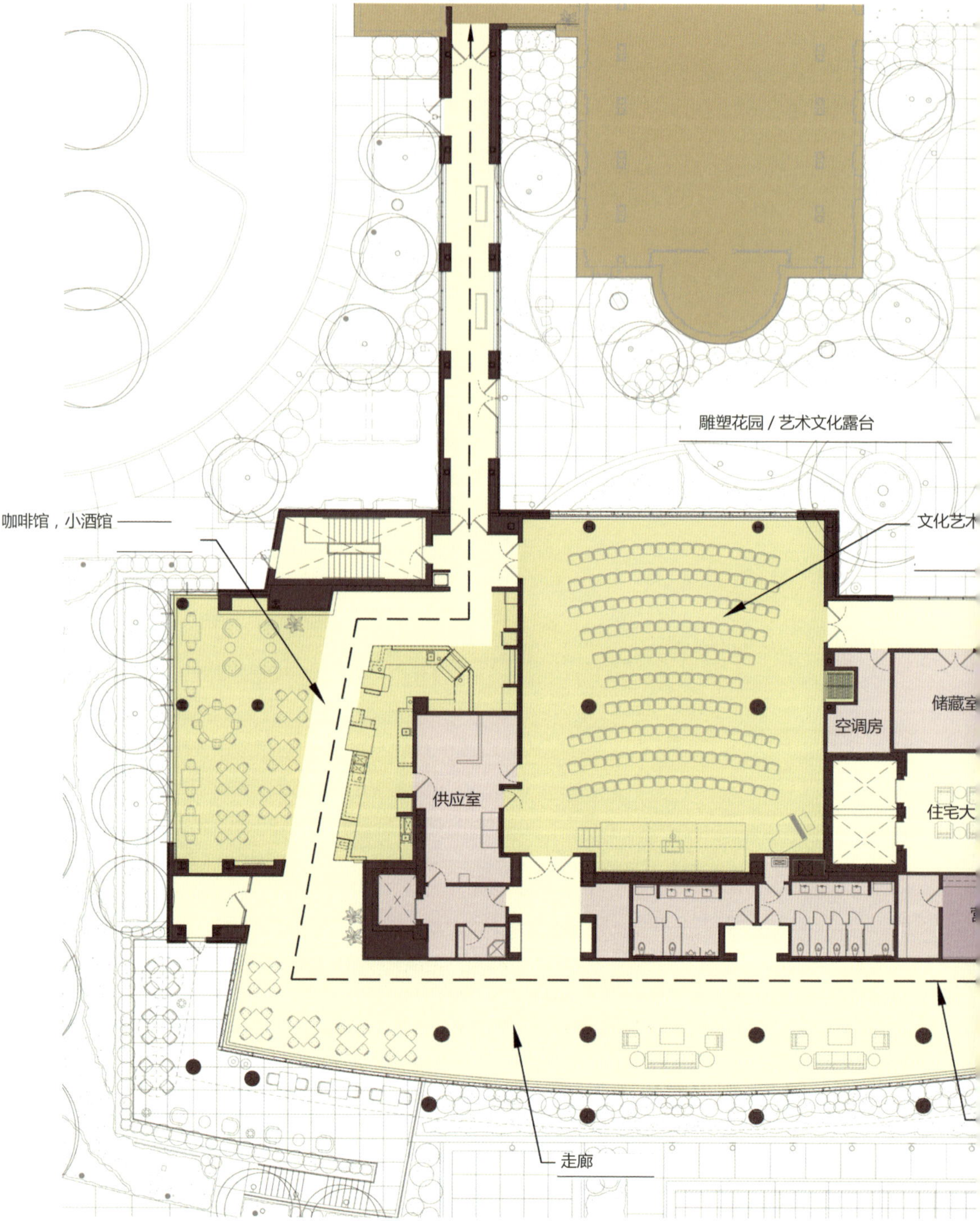
雕塑花园 / 艺术文化露台
咖啡馆，小酒馆
文化艺术
储藏室
空调房
供应室
住宅大
走廊

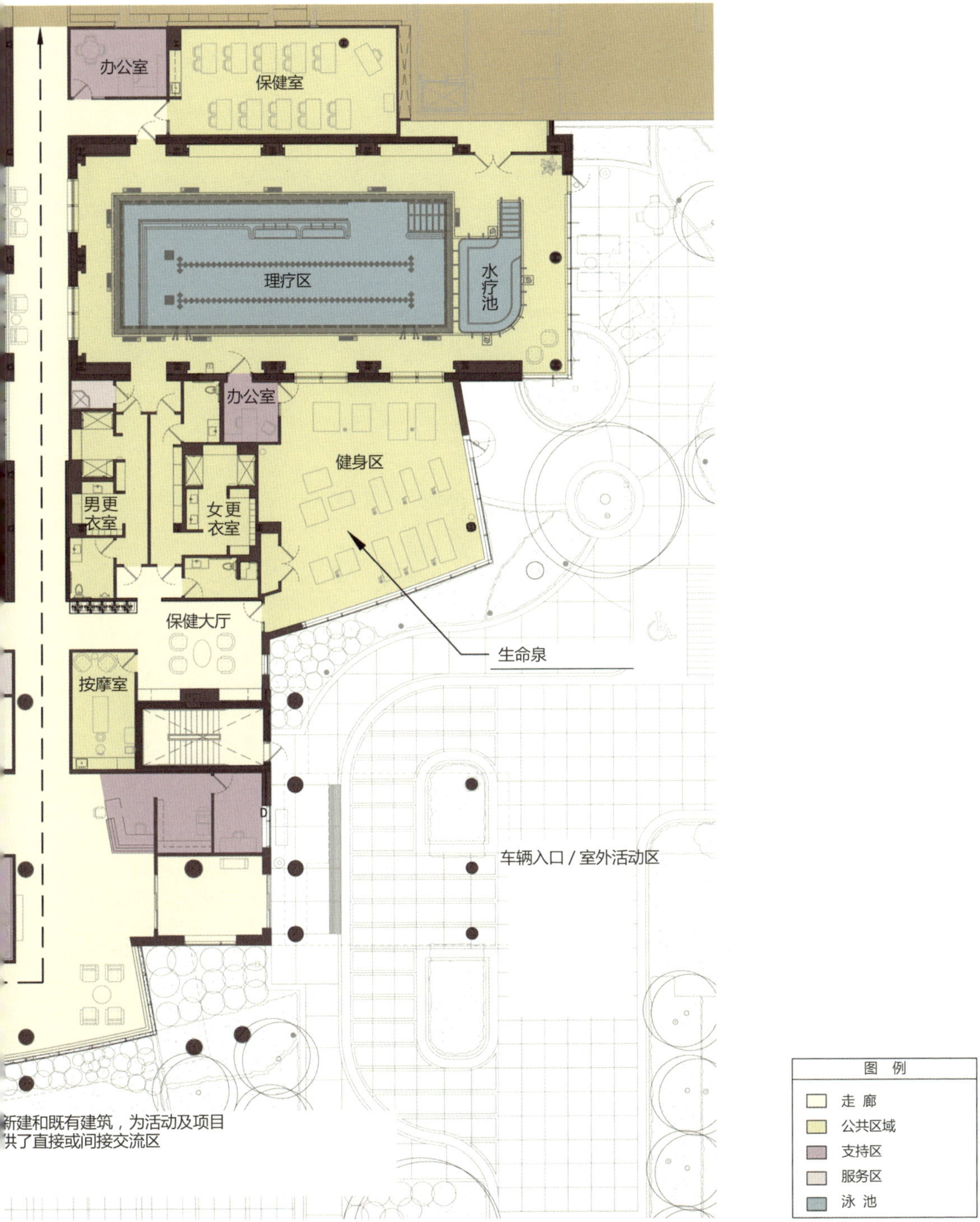

新建和既有建筑，为活动及项目
共了直接或间接交流区

一层平面图

养老社区艺术中心文化长廊的设计为老年人提供了休憩交流的空间场所

利用落地玻璃窗将室外自然景观引入养老社区艺术中心文化长廊

与周边社区的融合

圣约翰养老社区位于城市中心活跃地带，建筑设计要最大限度地与密尔沃斯市市中心的公共设施相匹配，比如餐饮、文化活动、零售商场、娱乐区及公共交通系统等。

设计通过使用大玻璃窗和玻璃立面，营造出一种通透感，将居住者与美妙的湖区景色和园区外的街道衔接起来，将城市人群引入小酒馆，活跃了建筑临街部分的气氛，欢迎居住者和来访者前来参观。新

平面图

的长廊环绕着建筑一层设计，室内空间足够宽敞开阔，可以举办大规模的艺术展览，从而吸引当地的居住者参观交流。

设计注重提升圣约翰养老社区内老建筑的空间分配和功能设置。走廊的设计加强两栋建筑住宅间的联系，同时新建了屋顶花园并铺设了绿植，为老年人提供了一个室外聚集地，满足入居老年人与当地居住者的共同使用。

为老年人提供休闲交流的交往空间

加强健康服务，提升文化内涵

新建筑呈现出一种全身保健、健康生活的理念，积极迎合健康的 6 个方面内容：生理健康需求、心智健康需求、社交需求、休闲需求、精神需求及情感需求。建筑内全部空间的设置都很灵活，走廊设计将各空间有效组织，方便居住者参与到各种各样的健身活动中去。

艺术文化中心长廊是圣约翰的一个设计亮点，与密尔沃斯市的艺术形成独特的联系，该中心预留出部分空间用于举办艺术展览、表演、讲座、宴会及各种社交活动，所有活动都对居住者、工作人员和整个社区开放。新建筑的整个一层都是艺术文化中心，可以用于举办大型活动或艺术展览，还设有通往小酒馆的房间，将走廊甚至是室外空间与雕塑花园、露台和汽车旅馆联系在一起。

水疗健身中心 LifeStreams 营造出一种舒缓人心的理疗、休闲氛围，其内的色彩、色调和材质选用给人一种身处湖边的感觉。室内泳池允许进行水上活动与理疗等。室内泳池大面积的玻璃墙让室内的人可以看到密歇根湖，在任何季节都可以与室外自然相接，营造出一种舒缓的环境，呼应着圣约翰一直承诺的健康、健身理念。

艺术中心文化长廊内座椅的自由摆放形成多个灵活的小型交往空间

健身中心为老年人提供先进的水疗机能训练服务

参考文献

[1] 中华人民共和国民政部 . 2014 年社会服务发展统计公报 [EB/OL].（2015-06-10）[2015. 12. 15]. http://www.mca.gov.cn/article/sj/tjgb/201506/201506008324399.shtml.

[2] 中华人民共和国住房和城乡建设部 . GB 50867—2013 养老设施建筑设计规范 [S]. 北京：中国建筑工业出版社，2013.

[3] 周燕珉 . 养老地产的 15 种模式 [J]. 房地产导刊，2013(1):120-121.

[4] 于峰 . 浅谈养老地产的开发模式 [J]. 房地产导刊，2014(34).

[5] 艾克哈德·费德森，伊萨·吕德克，周博，等 . 全球老年住宅：建筑设计手册 [M]. 北京：中信出版社，2011.

[6] 日本厚生劳动省 . 介護保険制度の概要 [EB/OL].（2016. 7. 1）[2016. 7. 10]. http://www.mhlw.go.jp/stf/seisakunitsuite/bunya/hukushi_kaigo/kaigo_koureisha/gaiyo/index.html

[7] 住房和城乡建设部标准定额司 . 家庭无障碍建设指南 [M]. 北京：中国建筑工业出版社，2013.

[8] 中国老龄科学研究中心 . 中国养老机构发展研究报告 [R]. 北京：中国老龄科学研究中心，2015.